머니네버슬립

머니 네버 슬립

스노우볼랩스 지음

★ ★ ★ ★ ★

미국주식으로 재테크의 잠을 깨워라

스노우볼랩스

목차

서문 — 000

1장 | 미국의 특별한 섹터들 ★★★★★

01	농업 섹터: 농사마저 탑 티어인 축복의 땅	— 17
02	우주항공 섹터: NASA의 어마어마한 존재감	— 21
03	AI 섹터: 인간 시대의 끝을 알리다	— 25
04	국방 섹터: 천조국이라는 이름의 위엄	— 28
05	반도체 섹터: 현대 문명은 미국의 설계도로 움직인다	— 32
06	제약 섹터: 세계에서 제일 병약한 국민들?	— 37
07	클라우드 섹터: 우린 날아다녀, 구름 위! Heu!	— 42
08	엔터테인먼트 섹터: 가장 미국적인 것이 세계적인 것	— 46
09	운송 섹터: 픽업트럭이 남자의 로망이 된 이유	— 50
10	대형 할인마트 섹터: Save Money. Live Better.	— 54
11	헬스케어 섹터: 건강보험 없이는 못 살아	— 58
12	소매업체 섹터: 세계를 점령한 미국 브랜드	— 62
13	자동차 섹터: 미국 역사와 동반 성장하다	— 67
14	금융 섹터: 월스트리트의 나라	— 71
15	부동산 섹터: 누구나 할 수 있는 부동산 투자	— 75
16	바이오 섹터: 바이오 기업은 어떻게 성장할까	— 80
17	섹터, 그 이상의 존재 애플	— 86

2장 | What If? 시나리오 투자법

01	미국에서 허리케인이 불었다면?	— 95
02	러시아가 천연가스 수출을 막는다면?	— 99
03	슈퍼볼이 흥행할 것 같다면?	— 102
04	비료가 부족해진다면?	— 105
05	감자튀김을 더 많이 먹는다면?	— 108
06	운동이 일상이 된다면?	— 112
07	마블 영화가 재미없어진다면?	— 116
08	곡물 가격이 오른다면?	— 120
09	테디베어가 지겨워졌다면?	— 123
10	경찰들이 테이저를 더 많이 쏜다면?	— 127
11	핸드메이드 제품이 비싸다고 느껴진다면	— 131
12	틱톡을 못 쓰게 된다면?	— 136
13	세금 낼 때가 됐다면?	— 141
14	난민이 늘어난다면?	— 145
15	대마초 소지 범죄자가 사면된다면?	— 149
16	운반할 곡물이 넘친다면?	— 152
17	의류 재고가 늘어난다면?	— 155

18	중국에서 시위가 격화된다면?	— 159
19	월드컵이 곧 열린다면?	— 162
20	음악 스트리밍 구독료가 경쟁적으로 싸지고 있다면?	— 166
21	물건 보관할 곳을 찾기 힘들다면?	— 170
22	가격을 올려도 먹고 싶은 음식이라면?	— 174
23	시진핑 국가주석의 3연임이 확정됐다면?	— 178
24	소비자들이 월마트도 부담스러워한다면?	— 182
25	중국으로 떠나는 여행자가 늘었다면?	— 186
26	베드 배스&비욘드가 파산한다면?	— 189
27	UN에서 기후보고서가 나왔다면?	— 192
28	자율주행차가 불티나게 팔린다면?	— 196
29	슬램덩크가 다시 신드롬을 일으킨다면?	— 200
30	너도나도 챗GPT를 만들고 싶다면?	— 204
31	힌덴버그가 공매도 리포트를 낸다면?	— 208
32	개기 일식이 일어난다면?	— 213
33	왕실 결혼식이 열린다면?	— 218
34	FIFA 부패 스캔들이 터진다면?	— 222
35	미국 대통령 선거가 열린다면?	— 227
36	영국이 EU를 탈퇴한다면?	— 232
37	특허 만료가 다가온다면?	— 237
38	창고에 사람이 없어진다면?	— 241
39	삼성전자가 소송을 당한다면?	— 246

3장 | 섹터 메트릭 읽기 ★★★★★

01	인트로	— 253
02	섹터 고르는 방법	— 254
03	기업 분석의 기본	— 257
04	섹터에 특화된 지표를 사용해야 하는 이유	— 267
05	농업 섹터 밸류에이션 메트릭	— 270
06	우주항공·방산 섹터 밸류에이션 메트릭	— 274
07	자동차 섹터 밸류에이션 메트릭	— 277
08	반도체 섹터 밸류에이션 메트릭	— 281
09	소프트웨어 섹터 밸류에이션 메트릭	— 285
10	SNS 섹터 밸류에이션 메트릭	— 289
11	엔터테인먼트 섹터 밸류에이션 메트릭	— 292
12	의료 섹터 밸류에이션 메트릭	— 295
13	금융 섹터 밸류에이션 메트릭	— 299
14	부동산 리츠 섹터 밸류에이션 메트릭	— 303
15	운송 섹터 밸류에이션 메트릭	— 306
16	소매판매 섹터 밸류에이션 메트릭	— 310

서문

만약 애플이 디즈니를 인수한다면?

만약 애플이 월트 디즈니를 인수한다면?

이 흥미로운 질문은 지어낸 것이 아닙니다. 시장에서 꽤 널리 알려진 시나리오죠. 특히 몇몇 투자은행의 애널리스트는 여러 가지 이유를 근거로 대며 애플이 월트 디즈니를 인수하면 상당한 시너지가 발생할 것으로 내다보고 있습니다.

2023년 3월 투자은행 니덤앤컴퍼니의 로라 마틴 애널리스트는 "애플과 월트 디즈니 간 초대형 M&A가 성사돼 두 기업이 합병한다면 가치가 15%에서 25% 더 높아질 것"이라고 진단했습니다. 1 더하기 1이 2가 아닌, 2.3에서 2.5가 된다는 겁니다. 애플과 월트 디즈니의 엄청난 시가총액을 고려한다면, 시너지의 규모는 가히 천문학적입니다.

좀 더 구체적으로 볼까요? 마틴 애널리스트는 "월트 디즈니의 훌륭한 콘텐츠와 애플의 강력한 유통망이 상호 보완적이라고 믿는다."라고 전했습니다. 그는 "12억 5,000만 명의 부유한 고객이 소유한 20억 대 이상의 모바일 기기 덕분에 전 세계에 콘텐츠를 배포하는 데 있어 애플의 강점이 있다."라고 평가했습니다. 이어 "월트 디즈니는 콘텐츠를 제작하고, 이를 디지털 스크린과 극장, 호텔, 크루즈, 테마파크 등을 통해 공유하고 배포하는 데 탁월하다."라고 덧붙였죠.

스티브 잡스와 밥 아이거의 특별한 관계

이 M&A 시나리오는 현실성이 있을까요?

이 시나리오에 대해 고민하기에 앞서, 작고한 스티브 잡스와 2023년 현재 월트 디즈니의 CEO인 밥 아이거의 과거 인연부터 알아야 합니다.

1951년생인 밥 아이거는 1994년부터 1995년까지 ABC의 사장을 역임했습니다. 또 1955년부터 1996년까지 캐피털 시티즈와 ABC의 사장 겸 COO로 일했죠. 그리고 월트 디즈니는 1996년 ABC를 인수했습니다. 이후 시간이 흘러 밥 아이거는 2000년 월트 디즈니의 사장이 됐죠. 이후 2005년 CEO 자리에 취임한 아이거는 2020년까지 그 자리를 지킵니다. 그렇게 일선에서 물러날 것으로 보였던 아이거는 2022년 11월 다시 CEO로 복귀하게 되었습니다.

오랜 기간 월트 디즈니를 이끈 밥 아이거의 유명한 M&A 중 하나가 2006년 픽사 딜입니다. 여기에 스티브 잡스와 밥 아이거의 강력한 연결고리가 있습니다.

1986년 스티브 잡스는 애플을 떠난 후 루카스필름의 컴퓨터 부문을 인수해 픽사를 설립했습니다. 픽사의 당시 목표는 애니메이션을 위한 고급 컴퓨터 하드웨어와 소프트웨어를 개발하는 것이었죠. 그러나 이런 기술에 대한 수요가 적어 픽사는 경제적 어려움을 겪었습니다. 그리고 여기서 스티브 잡스의 힘이 크게 발휘됐습니다. 회사의 방향성을 틀어 상업용 애니메이션 제작에 집중하기로 한 것입니다.

1991년 스티브 잡스는 월트 디즈니와 계약을 체결했습니다. 픽사는 애니메이션 영화를 제작하고, 월트 디즈니는 배급과 마케팅을 맡는 내용이었습니다. 둘의 협력은 역사상 최초의 완전한 컴퓨터 애니메이션 영화인 〈토이스토리(1995)〉의 성공으로 이어졌습니다. 이런 협력이 지속적으로 이루어지는 가운데 2006년 월트 디즈니가 픽사를 인수하게 된 것입니다. M&A 이후 스티브 잡스는 월트 디즈니의 이사회 멤버로 참여하기도 했습니다.

픽사 M&A 규모는 무려 74억 달러에 달합니다. 이 딜을 추진하는 과정에서 스티브 잡스와 밥 아이거 사이에는 긴밀한 신뢰 관계가 형성되었죠. 아이거는 잡스를 상대로 솔직하고 투명한 의사소통을 유지하며, 기업의 미래에 대한 공동의 비전을 공유했습니다.

2019년 밥 아이거는 자신의 경험을 담은 저서 〈The Ride of a Life Time〉을 냈습니다. 이 책에서 그는 "2011년 스티브 잡스가 사망하지 않았다면 애플과 월트 디즈니 간 합병이 이뤄졌을 것"이라고 썼습니다. 또 그는 "잡스가 살아있다면 합병이나 적어도 그 가능성에 대해 진지하게 논의했을 것"이라고도 밝혔습니다. 밥 아이거가 보기에도 두 회사 간 M&A는 가능성 있는 이야기였던 것입니다.

왜 우리는 시나리오를 생각해야 하나요?

세상은 연결되어 있습니다. 하나의 이벤트는 다른 이벤트에 영향을 미칩니다. 그리고 그 과정에서 기업의 가치는 오르기도 하고 떨어지기도 합니다. 이 인과성에 대해 많은 지식을 갖춘 사람일수록 더 많은 기회를 마주할 수 있습니다. 우리는 금리가 높아지면 기업들이 자금 조달에 어려움을 겪는다는 것을 알고 있습니다. 더 나아가 어떤 사람들은 은행의 수익성이 개선될 여지가 생긴다는 것도 인지하게 됩니다. 또 어떤 부류의 사람들은 금리 인상이 경기 둔화에 영향을 미치고, 저가형 매장인 달러스 스토어의 주가가 상승할 수 있다는 점을 생각하게 됩니다. 여러 갈래의 논리적 추론을 할 수 있는 능력은 더욱 다양한 투자 기회를 모색할 수 있음을 의미하는 것입니다.

이 책에서는 수많은 케이스를 다룹니다. '강력한 허리케인이 불었다면?', '비료가 부족해진다면?', '미국에서 틱톡이 금지된다면?', '난민이 늘어난다면?', '개기 일식이 일어난다면?', '미국 대통령 선거가 열린다면?' 등과 같은 질문에 대해 고민하죠. 그리고 이런 질문에 대한 답변은 '상상'에서 비롯되지 않았습니다. 모두 실제 결과에 관한 이야기라는 겁니다. 아마도 특정 이벤트가 생각하지 못한 결과로 이어진 사례도 있을 것입니다.

하나의 기사에서, 하나의 공시에서, 하나의 사건에서 더 많은 정보를 추출할 수 있다면? 또 이 추론의 과정이 한 번에서 끝나지 않는다면? 미래를 상상하는 능력은 비단 투자의 성공만을 위한 것은 아닙니다. 개인의 커리어, 더 나아가 기업의 가치에 결정적인 영향을 미칠 수도 있습니다.

섹터, 기업, 그리고 메트릭

1장에서는 미국의 다양한 섹터에 관해 이야기할 것입니다. 본격적인 케이스 스터디를 하기에 앞서 섹터를 이해하는 과정이 필요하기 때문인데요. 우리는 1장을 통해 미국의 다양한 섹터가 어떻게 성장했는지, 그리고 무엇이 특별한지에 대해 알게 될 것입니다. 만약 미국의 여러 가지 섹터에 대한 지식이 어느 정도 있다면, 바로 2장으로 넘어가도 좋습니다.

그리고 2장에서는 실제 주식시장에서 일어났던 수많은 케이스에 대해 알아보게 될 것입니다. 우주 비행사가 우주선에 탑승하기 전 수도 없이 많은 시뮬레이션을 하는 것처럼, 우리는 미국 주식 투자에 대한 시뮬레이션을 하게 될 것입니다. 이 과정에서 우리가 얻고자 하는 것은 분명합니다. 중요한 정보를 발견해 내고, 해당 정보가 실제 기업의 가치에 어떤 영향을 미칠 수 있는지 파악하는 능력을 높이는 것이 2장의 목적입니다.

그리고 마지막 3장에서는 섹터별로 알면 좋을 메트릭을 정리합니다.

쏟아져 나오는 수많은 정보가 어떤 의미를 지니고 있는지, 또 그 내용이 중요한지를 더 효율적으로 판별해 내는 능력을 키우기 위한 장이라고 보면 좋습니다.

자, 이제 출발해 볼까요?

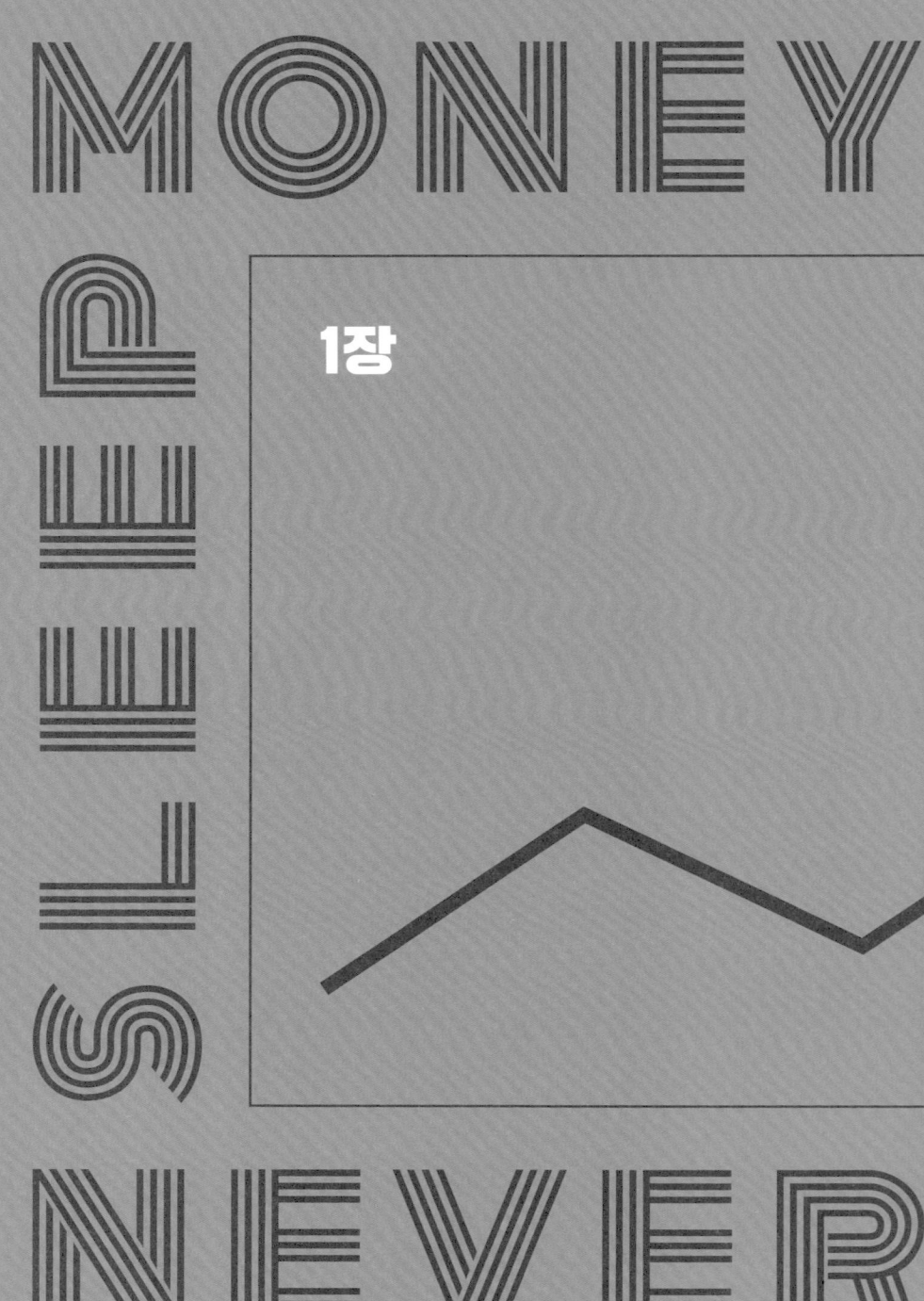

1장

01
농업 섹터:
농사마저 탑 티어인 축복의 땅

미국에 몰아준 신의 축복

미국은 제조와 기술 분야에서만 강한 것이 아닙니다. 1차 산업으로 분류되는 농업에서도 미국의 경쟁력은 탁월합니다. 미국의 농지 면적은 약 9억 에이커(약 36만 km^2)에 이릅니다. 한국의 농지 면적이 약 380만 에이커라는 점을 고려하면, 미국의 농지가 얼마나 큰지 알 수 있습니다. 이 광활한 미국의 농지에서는 옥수수, 대두, 밀, 쌀, 보리, 콩 등이 많이 생산되고 있습니다.

넓은 농지 덕분에 미국은 농업에서 힘을 발휘하고 있습니다. 그리고 이 힘을 더 강하게 하는 요소는 기술력입니다. 미국은 다양한 농업 기술을 개발하면서, 생산성을 높이고 생산 비용을 낮추는 데 많은 노력을 기울여 왔습니다.

미국은 19세기부터 현대적인 씨앗과 비료 기술 덕분에 효율적으로 농작물을 생산할 수 있었습니다. 그리고 20세기 초반부터는 농업 기계화 기술의 발전으로 생산성이 크게 향상되었습니다. 씨앗을 심는 기계와 수확하는 기계가 그 중심에 있습니다. 21세기에 들어서는 바이오테크놀로지 기술이 농업 분야에서 큰 역할을 하고 있습니다. 유전자 조작 등을 통해 농작물의 생산성과 내구성을 높일 수 있게 된 것입니다. 미국의 농업 기업들은 새로운 작물 종을 개발하거나 기존 작물의 개량을 통해 생산성과 수익성을 높여 나가고 있습니다.

땅만 있다고 되는 것이 아니다

인류가 멸종하지 않는 이상 농업이 망하는 일은 없을 겁니다. 망하기는커녕 농업의 규모는 더 커질 것으로 보입니다. 세계 인구가 지속적으로 증가하는 추세이기 때문이죠. UN은 2050년까지 세계 인구가 100억 명을 넘어설 것으로 예측했습니다. 이는 곧 식량 수요가 늘어남을 의미합니다.

 그렇다면 모든 농업 기업이 수혜를 보는 것일까요? 그것은 아닙니다. 선도적인 기술력을 갖춘 기업들만 수혜를 볼 수 있을 겁니다. 수요 증가로 인한 반사이익을 누리려면 생산량을 늘릴 필요가 있습니다. 그러나 인구가 늘어난다고 해서 지구의 농지도 함께 늘어나는 것은 아니죠. 결국 수요를 맞추기 위해서는 생산성을 극대화해야 합니다. 그리고 생산성을 키우기 위해서는 선도적인 기술력이 필요합니다. 이를 갖추지 못한 기업은 생산량 및 가격 경쟁력에서 밀릴 수밖에 없습니다.

기후 위기도 농업에서의 기술 혁신이 필요한 이유입니다. 기후 변화는 이미 농업에 큰 타격을 입히고 있습니다. 우리나라의 경우만 봐도 과거와 비교해 과일 재배지가 전반적으로 북상했죠. 사과는 영천에서 강원으로, 복숭아는 청도에서 충주로, 심지어 귤도 제주에서 내륙으로 진출했습니다. 이상 기후로 인해 작물이 수확하기도 전에 죽어버리는 경우도 종종 발생합니다. 단기적으로는 기후 변화에도 생산성을 유지하기 위해, 장기적으로는 지속 가능한 농업으로의 전환을 위해 기술력은 그 어느 때보다 중요해졌습니다.

농기계 끝판왕, 디어

세계에서 가장 큰 농기계 기업은 미국에 있습니다. 디어 앤 코Deere &Co., 이하 디어가 그 주인공이죠. 디어는 우리나라 언론에서도 '농슬라(농기계+테슬라)'라는 별명으로 종종 소개된 기업입니다. 테슬라가 자율주행과 전기차로 자동차 업계에 혁신을 불러왔듯 디어도 농업에 다양한 첨단 기술을 도입하고 있습니다.

디어는 농기계의 '자율주행'과 '전기화'에 앞장서는 기업입니다. 농슬라라는 별명이 괜히 붙은 것이 아니죠. 이 기업의 대표 제품으로는 자율주행 트랙터가 있습니다. 미국 농장은 비행기로 농약을 뿌려야 할 정도로 넓습니다. 농장주가 직접 트랙터를 몰면서 씨앗을 심고 작물을 수확하기 어려울 정도입니다. 디어의 트랙터는 이 어려움을 단숨에 해결합니다. 심지어 사람이 직접 트랙터를 운행할 때보다 왕복 주행 시 중첩하여 경작하는 토지 면적도 적어 작업의 효율성도 올려줍니다.

이 기업은 하드웨어뿐만 아니라 농업 솔루션도 제공합니다. 디어는 정밀 GPS 및 센서 장비를 사용해 고객들의 작업을 최적화해줍니다. 농지 운영을 위한 데이터 수집 및 분석도 진행합니다. 농부들은 디어의 솔루션을 통해 작물 재배, 비료 사용, 수확 등의 비용은 줄이고 생산성은 올릴 수 있습니다.

02
우주항공 섹터: NASA의 어마어마한 존재감

우주 하면 NASA

우주 하면 NASA, NASA 하면 우주가 떠오릅니다. NASA는 National Aeronautics and Space Administration의 약자로, 번역하면 미국항공우주국입니다. 이름 그대로 미국 연방 정부가 운영하는 항공우주 연구·개발 기관이죠. NASA는 지구의 탐사, 우주 로봇과 인간 우주 비행을 포함한 수많은 과학 연구와 우주 개발 프로젝트를 주도하고 있습니다.

NASA의 역사는 미국의 대규모 기술 개발과 연결되어 있습니다. 1958년 설립된 NASA는 1960년대 초반 우주 개발 경쟁에서 소련에 뒤처지지 않기 위해 고도의 기술력과 역량을 키우기 시작했습니다. 경쟁이 끝난 뒤에도 NASA는 지구환경 모니터링, 항공·우주 기술 개발 등 다양한 분야에서 글로벌 선두를 달리고 있습니다.

NASA는 미국 산업에 많은 긍정적인 영향을 미쳤습니다. 먼저 우주 산업 자체에 많은 일자리를 창출했습니다. 이런 일자리는 NASA가 직접 채용한 직원에 국한되지 않습니다. NASA와 협력하는 수많은 기업은 전 세계 최고급 인재들의 집합소가 되었습니다. 또한 NASA의 기술 발전은 새로운 산업의 탄생으로 이어졌습니다. NASA의 탄소 섬유와 나노 기술은 자동차와 항공기 제조 산업에서 새로운 제품 개발에 긍정적인 영향을 미쳤습니다.

NASA는 새로운 기술과 발명품을 상용화하는 데도 큰 역할을 하고 있습니다. NASA가 개발한 메모리 폼Memory Foam, 무선 전력 전송Wireless Power Transfer 기술 등은 실생활에서 다양한 제품에 쓰이고 있습니다.

NASA와 미국 기업들

지난 몇십 년간 NASA는 다양한 산업 분야에 많은 투자를 해왔습니다. 특히 항공우주 분야에서는 더 많은 기업과 협력하고 있습니다.

2014년 NASA는 상업 우주선 프로그램인 커머셜 크루 프로그램Commercial Crew Program에서 보잉과 스페이스X를 지원했습니다. 이 프로그램에서 보잉은 우주선 스타라이너를 개발했고, 2020년까지 총 48억 달러를 지원받았습니다. 또 군사 기업의 대명사처럼 여겨지는 록히드 마틴도 NASA와 깊은 관계를 맺고 있습니다. 대표적인 사례가 인사이트InSight 미션입니다. 인사이트는 화성의 지질학적 활동과 내부 구조를 연구하기 위한 화성 로버를 지칭합니다. NASA의 이 무인 탐사선을 록히드 마틴이 개발했죠.

일론 머스크의 스페이스X도 NASA와 긴밀한 관계입니다. NASA는 먼저 스페이스X의 우주선 크루 드래곤Crew Dragon을 이용해 우주 비행사들을 국제우주정거장으로 보내고 있습니다. 또한 스페이스X는 NASA와의 사용 화물 운송 서비스 계약에 따라, 국제우주정거장에 화물을 운송하는 데 참여하고 있습니다. 이들은 2024년 화성에 인간을 보내는 아르테미스 프로그램에서도 협력하고 있습니다.

클라우드 컴퓨팅 솔루션을 제공하는 오라클 역시 여러 차례에 걸쳐 NASA와 협력했습니다. 대표적으로 케플러 우주 망원경 프로젝트에서도 힘을 합쳤습니다. 이 망원경은 외계 행성을 찾기 위한 미션을 수행했죠. 이 프로젝트에서 오라클은 케플러가 수집한 대규모 데이터를 관리하고 분석하는 데 사용되는 데이터베이스 시스템을 제공했습니다.

우주항공 섹터의 기업들

우주항공 기업들은 통상 군사 기업과 함께 묶여 우주항공&방위 산업 aerospace&defence industry에 포함됩니다. 두 카테고리의 기업이 추구하는 방향성이 유사하기 때문입니다. 레이테온 테크놀로지스, 보잉, 록히드 마틴 등 이 산업 탑 3 기업의 시가총액은 100억 달러(2023년 3월 28

일 기준)가 넘습니다. 이외에도 노스롭 그루만, 제너럴 다이내믹스, 트랜스다임 그룹, L3 해리스 테크놀러지 등도 알아두면 좋을 만한 기업입니다. 이들은 우주선·탐사 로봇·미사일·엔진·위성·통신과 관련된 제품 혹은 서비스를 개발하고 제공합니다.

03

AI 섹터:
인간 시대의 끝을 알리다

세계의 두뇌, 미국

세계적으로 인기를 끈 영화 〈터미네이터〉 시리즈는 주로 미국 캘리포니아주를 배경으로 하고 있습니다. 영화는 영화일 뿐이죠. 그러나 만약 인공지능AI 기술이 고도화되어 인간 시대의 종말을 불러오는 일이 일어난다면 어떨까요? 아마 현실에서도 그 배경은 미국이 될 확률이 높아 보입니다.

미국이 세계 과학 기술계를 선도하고 있다는 사실은 너무 자명해서 이제는 더 말하면 입이 아플 지경입니다. 인터넷, 아이폰, PC, SNS 등이 모두 미국의 산물이죠. 혁신은 아무리 많이 해도 질리지 않나 봅니다. 2023년 전 세계를 강타한 AI 열풍을 시작한 국가도 역시나 미국이었습니다.

미국에는 MIT, 스탠퍼드 등 세계의 인재가 모이는 강력한 연구 생태계가 있습니다. 국방 고등 연구 계획국DARPA, 미국 국립과학재단NSF

등 정부 기관은 이 생태계를 전폭적으로 지원하죠. 또 벤처캐피털 생태계도 잘 조성되어 있습니다. 탁월한 기술을 보유한 인재들은 사업적 기반이 없더라도 대규모 자금을 조달할 수도 있죠. 이쯤 되면 혁신이 미국에서 일어나지 않으면 그게 더 이상하다 느껴질 정도입니다.

AI 섹터는 어떻게 'The Thing'이 되었나?

AI가 유망한 분야로 거론된 지는 오래됐습니다. 시작을 따지자면 1950년대까지 거슬러 올라갑니다. 그러나 최근까지 기술적 완성도는 낮았습니다. 또한 AI 기술이 우리의 삶을 구체적으로 어떻게 바꿀 수 있을지에 대한 대중의 이해도 역시 얕았죠. AI 산업이 본격적으로 부상하게 된 계기는 크게 두 가지입니다. 바로 구글의 알파고와 오픈AI의 챗GPT입니다.

2016년 3월에 있었던 알파고와 이세돌 기사의 대국은 AI가 적어도 특정 분야에서는 인간 지능을 뛰어넘는 수준에 이르렀다는 사실을 세계에 알린 사건이었습니다. AI가 스스로 학습하는 기술인 '딥러닝'의 가능성을 모두가 지켜봤습니다. 제프리 힌튼, 얀 르쿤, 요슈아 벤지오 등 연구자들의 주도 아래 AI는 이미지 인식, 음성 인식, 자연어 이해와 같은 분야에서 눈부신 발전을 이루었습니다. 이를 계기로 AI에 대한 투자도 크게 늘어 스타트업들이 성장할 수 있는 토대가 마련됐습니다.

2022년 11월 오픈AI가 개발한 챗GPT의 출시는 범용 인공지능AGI이 우리의 삶을 어떻게 바꿔나갈 수 있을지에 대한 이정표를 제시했습니다. 알파고가 AI의 성능이 얼마나 뛰어난지 시연했다면, 챗GPT는 실생활에서 AI가 어떻게 적용될 수 있을지 보여줬다고 말할 수 있죠. 기업들은 앞다투어 자사의 제품 및 서비스에 AI 기술을 도입하기 시작했습니다. 예를 들어 마이크로소프트는 사무 보조용 AI '코파일럿', 코딩 AI '코파일럿 X' 등을 출시했습니다.

AI 양대 산맥

현재 AI 시장은 미국의 두 빅테크가 양분하고 있습니다. 이 분야 전통의 강자였던 알파벳과 오픈AI와의 파트너십을 기반으로 빠르게 치고 올라오는 마이크로소프트 간의 경쟁 구도가 형성됐죠. 1차전은 마이크로소프트의 판정승이었습니다. GPT 기술이 혁신으로 세상을 놀라게 한 것에 비해, 바드는 시연 행사부터 오류를 보이며 다소 실망스럽게 출발했죠. 그렇다고 알파벳이 당장 AI 경쟁에서 밀려난 것은 아닙니다. 구글 검색엔진의 일일 활성 사용자DAU 수는 타 도메인과 비교해 여전히 압도적인 수준입니다. 두 거대 기업 간의 경쟁이 AI 시장의 판도를 어떻게 바꾸어 놓을지는 앞으로 더 지켜봐야 알 수 있을 겁니다. 신흥 분야인 만큼 새로운 혁신 스타트업이 등장할 가능성도 배제할 수 없습니다.

04

국방 섹터:
천조국이라는 이름의 위엄

Thank you for your service

세계의 경찰을 자처하는 미국은 그에 걸맞은 엄청난 군사력을 보유하고 있습니다. 국력에 대한 자신감과 자부심도 숨기지 않죠. 이들은 군인에 대한 국가적 예우도 엄격합니다. 미국이 전쟁 영웅을 위한 국가 장례식을 어떻게 집행하는지 매체를 통해 접해본 분들이라면 군에 대한 미국 사회의 지지가 어느 정도 수준인지 아실 겁니다.

미국에서는 어떤 사람이 자신의 군 복무 경력을 소개하면 듣는 이는 '당신의 헌신에 감사합니다'라고 답하는 것이 예의범절로 여겨집니다. 이러한 문화는 미국에서 오랜 역사와 전통으로 거의 관용구처럼 굳어졌죠. 오죽하면 〈땡큐 포 유어 서비스〉라는 제목의 영화도 있습니다.

군대와 관련한 대학 스포츠 행사도 전국적인 유명세를 자랑합니다. 우리나라의 대표적인 대학 스포츠 행사로는 연고전이 있죠. 미국에는 육군사관학교 대 해군사관학교의 미식축구 대항전 Army-Navy Game이 있습니다. 이는 1890년부터 무려 130년 넘게 이어져 온 미국의 대표 스포츠 행사입니다. 그 인기가 어느 정도냐 하면, CBS와 같은 주요 방송사가 이 경기를 생중계하고 대통령이 임기 중 공식 행사로 직접 참관할 정도입니다.

이처럼 미국인들에게 군대는 단순히 나라를 지키는 직업 이상의 의미를 지닙니다. 이게 그저 미국인들이 애국심이 투철해서 나타난 현상일까요? 물론 문화적인 영향도 크겠지만, 군대가 미국 경제에서 차지하는 비중이 크다는 점도 한몫할 겁니다. 군대의 흥망에 나의 일자리가 걸렸다고 생각하면 군을 존중하지 않을 수 없을 테니 말입니다.

자유의 나라 미국, 국방도 민간이 한다

미국은 세계에서 국방비 지출이 가장 많은 국가입니다. 연간 예산만 1,000조 원을 넘어서죠. 이런 압도적인 예산 규모로 인해 '천조국'이라는 별명이 붙었을 정도입니다. 흥미로운 것은 이 예산의 상당 부분이 민간 기업에 돌아간다는 점입니다.

국방 산업에 민간 기업이 개입하는 일은 드물지 않습니다. 우리나라의 한화 그룹을 포함해 세계의 다양한 기업들이 방위 사업을 운영하고 있죠. 다만 기업들의 규모나 영향력 면에서 미국을 따라갈 수 있는 국가는 없습니다. 미국은 정부와 기업 간의 긴밀한 협업을 기반으로 세계 최강국이라는 지금의 자리를 쌓아 올렸습니다. 기업들은 연구 개발, 무기 체계 고안, 인프라 구축 및 유지 등 다양한 분야에서 활약해왔죠. 스텔스 전투기, C4ISR 체계 등 미국의 안보를 책임지는 군사 시스템들이 민간 기업의 참여를 통해 만들어졌습니다.

 방위 산업이 국력에만 보탬이 되는 것이 아닙니다. 무기 체계는 첨단 기술의 집약체이기 때문에 새로운 무기를 개발하는 과정에서 파생되는 기술이 민간 영역에서 상용화되는 경우도 빈번하게 찾아볼 수 있습니다. 그리고 이는 새로운 산업과 일자리를 창출하는 효과를 내기도 합니다.

 대표적인 사례로 인터넷을 예로 들 수 있습니다. 인터넷은 미국 고등연구계획국ARPA, 현 DARPA이 1960년대에 안전한 정보·통신 시스템을 구축하기 위해 개발한 ARPANET에서 유래했어요. 이제는 인터넷이 없는 삶은 상상하기도 어려운 시대가 됐죠. 전 세계의 커뮤니케이션, 상업, 엔터테인먼트 등이 모두 인터넷을 기반으로 하고 있습니다. 이 기술이 만들어낸 일자리나 시장 가치는 현재진행형으로 늘어나고 있습니다. 이외에도 내비게이션에 사용되는 GPS, 드론, 야간 투시 장비, 음성 인식 장비 등 군사 분야에서 시작해 민간으로 넘어온 다양한 기술이 존재합니다.

국방 섹터의 기업들

국방 섹터를 대표하는 기업들은 레이테온 테크놀로지스, 보잉, 록히드 마틴 등이 있습니다. 빅3 기업 이외에도 노스롭 그루만, 제너럴 다이내믹스 등 다양한 기업이 오늘도 미국의 국력에 일조하고 있습니다.

05

반도체 섹터: 현대 문명은 미국의 설계도로 움직인다

반도체가 없으면 문명도 없다

반도체는 은, 구리처럼 전류가 흐를 수 있는 전도체와 유리, 고무와 같이 전류가 흐르기 어려운 물체인 부도체의 성질을 둘 다 지녔다고 해서 붙은 이름입니다. 쉽게 설명해 전류가 흘렀다가 안 흘렀다가 할 수 있는 물체라는 뜻이죠. 그리고 반도체의 또 다른 이름은 '현대 문명의 쌀'입니다. 한국인들이 밥 없이는 살아갈 수 없는 것처럼 현대 문명도 반도체 없이는 움직일 수 없다는 의미를 내포하고 있습니다. 전류의 흐름과 멈춤을 조절하는 장치일 뿐인 반도체가 어떻게 현대 문명을 이루는 근간이 된 것일까요?

핵심은 반도체를 사용해 컴퓨팅 기기에서의 0과 1을 결정할 수 있다는 점입니다. 현대의 컴퓨터는 0과 1로 이루어진 언어를 사용합니다. 그리고 전류는 찰나의 시간에도 수 억 번씩 0과 1 사이를 오갈 수 있는 속도를 지녔습니다. 이 전류의 흐름을 조절할 수 있는 반도체가 컴퓨터 기기를 기반으로 한 현대 문명의 핵심 부품으로 떠오른 이유입니다.

무어의 법칙이라고 들어본 적 있으신가요? 이는 반도체 집적회로의 성능이 2년마다 2배로 증가한다는 법칙입니다. 더 쉽게 설명하자면 컴퓨터 성능이 5년이 지나면 10배, 10년이 지나면 100배로 폭등한다는 뜻입니다. 이는 인텔의 공동 설립자 고든 무어가 1965년 제시한 개념입니다. 그리고 실제로 약 60년이 지난 현재 우리 사회는 그 어느 때보다 강력한 반도체를 기반으로 첨단 문명을 구축하게 됐습니다.

스마트폰, 컴퓨터, 의료기기까지 반도체가 없으면 현대사회는 굴러가지 않습니다. 그리고 이 섹터에서도 패권을 쥐고 있는 국가는 역시 미국입니다.

우리나라가 반도체 1등 아니었어?

반도체는 우리나라를 대표하는 산업 분야 중 하나입니다. 전체 수출의 20%가량이 반도체 분야에서 발생하고 있죠. 글로벌 시장에서의 성과도 뛰어납니다. 메모리 반도체 분야는 한국 기업들이 장악하고 있다 표현해도 과언이 아닙니다. 특히 삼성전자와 SK하이닉스의 D램 글로벌 시장 점유율은 합산하여 70%를 넘어서는 수준입니다. 반도체 1위 국가라는 위상에 걸맞은 지표입니다.

다만 이 성과에서 눈여겨보아야 할 부분은 대한민국이 '메모리 반도체' 분야 1위이지, '반도체' 1위가 아니라는 점입니다. 반도체는 메모리 반도체D램, 낸드, 시스템 반도체CPU, GPU, 전력 반도체 등 다양한 종류로 나뉩니다. 시장 규모로 따지면 메모리 반도체는 전체 반도체 시장의 35~40%가량을 차지하며 시스템 반도체가 나머지 60%를 구성하고 있습니다. 전력 반도체의 시장은 이 둘과 비교하면 작은 수준입니다.

미국은 이 시스템 반도체 분야를 쥐고 있는 국가입니다. 세계적인 팹리스들을 보유하고 있어 반도체 설계에 있어선 타의 추종을 불허하죠.

팹리스? 파운드리?

복잡한 반도체 생태계를 이해하기 위해선 그 생산 과정을 한 번 짚고 넘어가야 합니다. 반도체가 시장에 나오기까지는 크게 ①설계 ②웨이퍼 생산 ③패키징 및 테스트 ④판매 및 유통 네 단계의 과정을 거칩니다. 그리고 이 중 어느 과정에 전문화되어 있는가에 따라 반도체 기업의 유형이 나뉩니다. 가장 많이 접했을 반도체 기업 유형으로는 '팹리스'와 '파운드리'가 있을 겁니다. 팹리스는 설계와 판매 및 유통만을 담당하고, 파운드리는 위탁받은 반도체의 생산을 맡습니다. 쉽게 말해 팹리스는 설계자로서 머리의 역할을, 파운드리는 숙련된 제조업자로서 손의 역할을 분담하는 셈이죠.

이외에도 반도체 업계에는 자체적으로 설계부터 유통까지 전체를 책임지는 '종합 반도체 기업IDM', 설계만 하는 'IP기업 칩리스', 팹리스와 파운드리의 연결 다리 역할을 하는 '디자인 하우스', 패키징 및 테스트만 진행하는 'OSAT 기업'이 있습니다. 참고로 삼성전자와 SK 하이닉스는 IDM에 속합니다. 다만 삼성전자의 경우, 파운드리 사업부도 별도로 두고 있습니다.

'팹리스'는 미국이 압도적인 힘을 자랑하는 분야입니다. 미국 팹리스들은 세계인들이 사용하는 시스템 반도체의 대부분을 설계합니다. 엔비디아, 퀄컴, AMD 등 이름만 들어도 모두가 아는 기업들이 반도체 시장을 지배하고 있죠. 이들이 설계한 반도체가 없었다면 세상에서 사라질 제품들이 한 둘이 아닙니다. 애플, 삼성, 소니의 기기들이 대표적입니다. 테슬라, GM, 포드 등 완성차 기업, 아마존, 마이크로소프트, 구글 등 빅테크도 모두 이 팹리스 기업들이 설계한 반도체를 사용합니다. 한때 '반도체 황제'라고 불렸던 인텔도 미국의 시스템 반도체 패권을 설명할 때면 빼놓을 수 없는 기업입니다. 인텔도 설계부터 생산까지 모두 직접 수행하는 IDM이며 별도의 파운드리 사업부도 운영하고 있습니다.

반도체 섹터의 기업들

반도체 섹터의 대표 미국 기업들은 인텔, 엔비디아, 브로드컴, 퀄컴, AMD 등이 있습니다. 메모리 반도체 시장의 핵심 플레이어 중 유일하게 한국 기업이 아닌 마이크론 테크놀로지스도 눈여겨보아야 합니다. 파운드리 대장이라 불리는 TSMC도 미국 증시에 ADR로 상장돼 있습니다. 첨단 반도체 생산에 필수적인 EUV 장비를 독점 제작해 업계의 '슈퍼을'로 불리는 ASML도 주목할 기업 중 하나입니다.

06

제약 섹터:
세계에서 제일 병약한 국민들?

코로나19를 해결한 국가

2019년 11월, 현대사의 가장 큰 변곡점 중 하나라고 불러도 과언이 아닌 사건이 발생했습니다. 바로 코로나19 팬데믹의 시작이었죠. 이는 사스, 에볼라 등에 이어 세계보건기구WHO가 21세기 들어 선포한 다섯 번째 팬데믹이었습니다. 마스크 착용, 재택근무, 화상 및 원격 모임 등 이 질병은 일상의 모습을 완전히 바꾸어 놓았습니다. 감염병 유행이 가장 심각했던 시기에는 '다시 코로나 이전으로 돌아가는 것이 가능할 것인가?'에 대한 우려까지 있었을 정도였죠.

인류는 코로나19에 대응하는 방법을 빠르게 학습해나갔습니다. 일상에서 감염을 예방하기 위해 사람들은 자발적으로 개인위생에 더욱 신경 쓰기 시작했습니다. 정부 차원에서는 '사회적 거리 두기' 등의 방역 수칙도 세워가며 팬데믹 극복에 전력투구했습니다. 그 결과 다행히 사람들의 일상은 점차 회복되었습니다. 일련의 과정에서 가장 중요한 역할을 수행한 '게임 체인저'는 다름 아닌 백신이었습니다.

 코로나19를 해결하고자 인류는 유례없는 속도로 백신을 개발했습니다. 많은 국가에서 심사 과정을 축소해가면서까지 신속한 백신 보급에 힘썼죠. 코로나19 바이러스의 유전자 서열이 공개된 것은 2020년 1월입니다. 그리고 불과 1년도 채 지나지 않은 2020년 12월, 영국에서 화이자 백신에 대한 긴급 사용이 승인됐습니다. 같은 달 미국에서는 모더나가 사용 허가를 얻었죠. mRNA 방식의 첨단 백신이 세계에 소개되던 순간이었습니다. 코로나19 극복을 가능하게 한 이 백신을 개발한 국가는 어디였을까요? 또, 이번에도, 어김없이, 역시나 미국이었습니다. 머크 앤 코, 모더나, 화이자, 존슨앤드존슨 등 수많은 세계적인 제약사들이 미국에서 사업을 영위하고 있습니다.

세계에서 약을 제일 많이 먹는다

미국이 제약 1위 국가가 된 배경에는 연구·개발을 위한 환경과 인재 풀이 뛰어나다는 점도 있겠지만, 약 소비량도 한몫합니다. 스태티스타가 2023년 2월 발표한 자료에 따르면, 2022년 세계 제약 시장 판매에서 미국의 점유율은 50%였습니다. 전 세계 모든 국가의 제약 판매를 다 합쳐야 미국과 대등한 수준이라는 뜻이죠. 미국 인구수가 전 세계 인구의 약 4% 수준밖에 되지 않는다는 점을 고려하면 그야말로 압도적인 소비를 자랑하는 겁니다.

미국 국민의 약 소비량은 왜 이렇게 많은 것일까요? 미국의 의료 시스템을 살펴보면 그 이유를 알 수 있습니다. 우선 미국은 의료비가 비쌉니다. 많은 선진국은 의료비를 낮추기 위해 싱글 페이어 시스템Single-Payer System을 시행합니다. 이는 하나의 주체가 모든 의료 관련 재정 업무를 담당하는 체제를 의미합니다. 대부분 정부가 그 역할을 담당하죠. 싱글 페이어 시스템을 시행하면 세금으로 의료 비용을 충당하기 때문에 국민 개개인이 부담해야 하는 의료비는 줄어들게 됩니다. 우리나라의 국민건강보험이 대표적인 사례라 할 수 있습니다. 미국은 이런 보편적 건강보험 제도를 운영하지 않고 있습니다. 약의 가격도 다른 국가와 비교해 고가에 책정돼 있기 때문에 제약 매출이 높게 잡힐 수밖에 없는 것입니다.

또 미국은 처방 약의 소비자 직접 광고DTCA를 허락하는 몇 안 되는 국가입니다. 대부분 국가에서는 소비자들이 특정 약품의 부작용에 대해 제대로 인지하지 못한 채 의사에게 해당 제품의 처방을 요구하는 것을 방지하기 위해 DTCA를 금지하고 있습니다. 우리나라도 전문의약품은 의학·약학에 관한 전문가 등을 대상으로만 광고를 허용하고 있죠. 그러나 미국은 표현의 자유를 이유로 DTCA를 허용하고 있습니다. 이런 방식의 마케팅은 소비자들이 필요하지 않은 약품을 구매하거나, 더 저렴한 대안이 있음에도 비싼 상품을 선택하는 결과를 초래하기도 합니다.

만성 질환이 빈번하다는 점도 약 소비량을 늘리는 주요 원인입니다. 많은 미국인이 비만, 당뇨, 심혈관계 질환 등을 앓고 있습니다. 이런 만성 질환에 대처하기 위해선 의약품을 장기적으로 복용해야 합니다. 고령화 추세도 더해지면서 건강 관리를 위해 약품을 복용해야 하는 인구는 더욱 늘어나는 추세입니다.

생명은 시장성의 문제가 아니다

미국은 희귀 의약품 개발에서도 선두를 달리는 국가입니다. 미국에서 희귀병이란 유병자가 20만 명 미만인 질환을 의미합니다. 이는 미국 전체 인구의 0.06% 수준입니다. 이 적은 인구를 위해 새로운 의약품을 개발한다? 수익성을 고려하면 결코 할 수 없는 선택입니다. 질병 보유자가 적은 만큼 약의 개발 난도도 올라가는 데다 신약을 출시해도 시장이 너무 작기 때문이죠. 그럼에도 많은 미국의 제약사들이 희귀 의약품 개발에 뛰어들고 있습니다. 미국 정부가 1983년 제정한 '희귀의약품법 Orphan Drug Act'에 입각해 이 기업들에 여러 가지 혜택을 제공하기 때문입니다.

희귀약을 개발하는 기업에 미국 정부는 세금 공제, 시장 독점권 인정, 연구·개발비 지원, 심사 과정 신속화 등 다양한 인센티브를 제공합니다. 그 결과 희귀의약품법이 통과된 이후 지금까지 수백 종의 희귀약이 미국 식품의약국FDA의 승인을 받아 임상에서 활용되고 있습니다. 미국 제약사들이 살린 생명은 수도 없이 많을 겁니다.

07

클라우드 섹터:
우린 날아다녀, 구름 위! Heu!

디지털 시대의 동력 '클라우드'

클라우드는 데이터 스토리지, 프로세싱, 소프트웨어 애플리케이션 등 다양한 컴퓨팅 서비스를 인터넷 기반으로 전달하는 기술을 의미합니다. 개인의 컴퓨터 등 특정한 하드웨어를 사용하지 않기 때문에 인터넷 망이 존재한다면 장소의 제약 없이 어디서나, 어느 기기에서나 필요한 데이터를 처리할 수 있죠. 애플의 아이클라우드iCloud, 구글의 구글 드라이브 등이 대표적인 사례입니다.

2000년대 초 등장한 클라우드 산업은 현재까지 꾸준한 성장을 이루고 있습니다. 이미 우리의 일상에도 깊숙이 침투했죠. 개인, 기업, 기관 등 주체를 막론하고 디지털 전환이 가속화되며 클라우드는 더욱 주목받고 있습니다. 스태티스타가 2022년 말 발표한 자료에 따르면, 세계 공공 클라우드 시장의 규모는 2027년까지 8,818억 달러 규모에 달할 것으로 전망됩니다. 2023년부터 2027년까지의 연평균성장률CAGR

을 계산하면 13.81%이라는 어마어마한 수치가 나옵니다. 그리고 이 중 3,944억 달러의 시장 가치가 미국에서 발생할 것으로 예상됩니다. 이는 전체 시장 가치의 약 45% 수준입니다.

개인 소비자들은 이 기술을 활용해 일상에 편의를 더합니다. 불과 몇 년 전까지만 해도 전자기기를 새로 구매하면 이를 사용자화하기 위해 초기 설정에만 제법 많은 시간을 소모해야 했습니다. 그러나 이제는 클라우드에 저장된 데이터와 연동해 새 기기에서 로그인하는 것만으로도 이전에 사용하던 기기의 설정, 애플리케이션 등을 그대로 가져올 수 있게 됐죠. 간과하기 쉽지만, 우리가 일상적으로 사용하는 SNS나 음악 스트리밍 서비스도 클라우드 기술을 기반으로 합니다.

기업과 기관은 클라우드 기술을 도입함으로써 업무 효율성을 제고할 수 있습니다. 이 기술은 사람들이 어디서나 파일에 액세스하고 작업할 수 있도록 합니다. 또 팀원들과 실시간으로 더 쉽게 협업할 수 있도록 도와줍니다. 컴퓨터 리소스 관리도 간소화하여 기업이 주요 업무에 집중하고 더욱 효율적으로 성장할 수 있는 기반이 되죠. 노션과 슬랙 등 업무용 협업 툴이나 세일즈포스와 같은 고객 관계 관리CRM 솔루션 모두 클라우드 기술을 기반으로 구동되는 프로그램의 대표적 사례입니다.

될성부른 섹터에 힘 싣는 정부

미국은 혁신에 돈을 아끼지 않는 국가입니다. 어떤 산업 분야가 유망하다고 판단되면 미국 정부는 재정적 지원을 하거나 제도적 장치를 마련함으로써 이를 적극적으로 양성하죠. 세계의 인재와 혁신 기업들이 미국으로 모이는 이유입니다. 미국을 세계 최대의 경제 강국으로 이끌어 준 이 '앙트레프레너십'은 오늘날 클라우드 섹터에서도 동일하게 작동하고 있습니다.

어떤 지원책이 있는지 살펴봅시다. 먼저 미국 정부는 다양한 경로로 재정적 지원을 제공합니다. 기업에 대한 투자의 일환으로 정부 프로젝트를 민간에 위탁해 진행하는 사례를 어렵지 않게 찾아볼 수 있습니다. 산업의 근간을 이루는 교육기관 등에도 후원해 중·장기적인 투자에도 나섭니다. 또 미국은 기업의 연구·개발을 장려하기 위해 기업이 지출한 연구·개발비에 따라 일정 비율로 세금도 공제합니다. 주로 혁신 산업에 이 같은 혜택을 제공하는데, 클라우드도 대표적인 수혜 섹터입니다.

제도적으로는 공정하고 건전한 경쟁의 장을 마련하기 위한 장치를 둡니다. 반독점법이 대표적인 사례입니다. 미국 정부는 시장의 질서를 해치는 독점 기업이 나타나면 제재를 가함으로써 소규모 혁신 기업들이 탄생할 수 있는 기업 생태계를 유지합니다. 지식 재산권IP에 대한 보호도 강력합니다. 이로써 기업들은 특허, 트레이드마크, 저작권 등 자신의 권리가 도용당하지 않을 것이라고 생각하여 안심하고 연구·개발에 전념할 수 있습니다.

클라우드 섹터 대표 기업들

클라우드 섹터를 이루는 기업들로는 아마존, 마이크로소프트, 세일즈포스, 오라클, 알파벳 등이 있습니다. 스태티스타가 2022년 12월 발표한 자료에 따르면, 2022년 3분기 기준 아마존의 AWS 시장 점유율이 34%로 1위를 기록했습니다. 그리고 마이크로소프트 애저(21%), 구글 클라우드(11%), 알리바바 클라우드(5%) 등이 그 뒤를 이었습니다.

08
엔터테인먼트 섹터: 가장 미국적인 것이 세계적인 것

가장 미국적인 것이 가장 재미있다

'가장 한국적인 것이 가장 세계적이다'라는 구호를 들어본 적 있으실 겁니다. 문화 상대주의적 관점에서 지역 문화의 다양성과 특수성을 잘 살린 것이 가장 세계적이라는 표현입니다. BTS가 빌보드 차트 1위를 달성했을 때, 봉준호 감독이 〈기생충〉으로 칸 국제영화제 황금종려상을 수상했을 때 언론에서 종종 인용된 표현입니다. 그러나 실상을 따져보면 아직까지는 '가장 미국적인 것이 가장 세계적이다'라는 표현이 더 적절한 것은 아닌가 합니다.

미국은 문화 헤게모니를 쥐고 있는 국가입니다. 세계인이 다 미국의 문화를 즐기고, 미국적인 것을 재미있어하죠. 글로벌 문화 콘텐츠를 평가하고 상을 수여하는 주체가 미국이라는 점만 보아도 이 같은 사실이 잘 드러납니다. 오스카상, 에미 어워즈, 골든 글로브 어워즈, 빌보드 차트, 그래미, 게임 어워드까지. 영화, 드라마, 음악, 게임 모든 분야에서 가장 영광스러운 성취로 꼽히는 것들은 모두 미국에서 주는 상입니다.

세계 제일, 최초, 최고 등의 칭호도 미국이 휩쓸고 있습니다. 세계에서 최초로 소리를 입힌 애니메이션은 월트 디즈니가 제작한 〈스팀보트 윌리〉입니다. 디즈니 영화가 시작할 때 휘파람을 불며 배를 모는 미키 마우스의 영상이 나오는데 바로 그 장면입니다. 세계에서 제일 많이 팔린 음악 앨범은 마이클 잭슨의 〈스릴러〉입니다. 세계 최초의 상업용 비디오 게임 〈컴퓨터 스페이스〉도 미국에서 출시했습니다. 세계 박스오피스 흥행 순위는 〈아바타〉, 〈어벤져스〉 등 1위부터 10위까지 하나도 빠짐없이 미국 영화들로 채워져 있습니다.

'문화통치'라 불러도 과언이 아닙니다. 세계인들이 미국의 스토리텔링에 공감하고, 미국의 유머 코드에 따라 웃고, 미국의 유행을 '트렌드'라고 부릅니다. 네덜란드의 역사가 요한 하위징아는 1938년 놀이하는 인간이라는 뜻의 '호모 루덴스'라는 개념을 소개했습니다. 인간의 본질을 유희에서 찾고자 한 것이죠. 만약 그가 21세기에 태어났더라면 인류를 '호모 루덴스 아메리카나'라고 불렀을지도 모르겠습니다.

콘텐츠 산업의 신약 'OTT'

기나긴 엔터테인먼트 역사 속에서 산업 전반을 뒤흔든 패러다임 전환이 몇 차례 있었습니다. 영상의 발명, 디지털 전환 등 여러 변곡점을 꼽을 수 있죠. 그중에서도 근 몇 년 사이 인류의 놀이 문화를 가장 극적으로 변화시킨 하나의 사례를 제시하자면 아마 많은 이들이 OTT Over-The-Top 플랫폼을 거론하지 않을까 싶습니다.

OTT는 인터넷망을 기반으로 소비자에게 콘텐츠를 전달하는 새로운 형태의 미디어 스트리밍 서비스를 의미합니다. 케이블, 지상파와 같은 기존의 셋톱박스를 활용하는 콘텐츠 전송 방식을 넘어섰다. Over-The-Top이라고 해서 OTT라 이름 붙여졌죠. 유튜브, 넷플릭스, 아마존 프라임, 디즈니 플러스 등이 이 분야를 대표하는 플랫폼입니다. 이들은 대중의 콘텐츠 소비 양식을 완전히 바꾸어 놓았습니다.

소비자들은 코드 커팅 Cord Cutting 에 나섰습니다. 전통 미디어와 비교해 OTT의 편의성은 압도적인 수준입니다. 콘텐츠 시청을 위해 편성표대로 소비자가 자신의 일정을 조율해야 했던 전통 미디어와는 달리, OTT는 시간·공간적 제약으로부터 자유롭습니다. 전통 미디어와 비교해 OTT 플랫폼의 콘텐츠 포트폴리오가 밀리는 것도 아닙니다. 오히려 최근에는 플랫폼들이 독점작 혹은 자체 콘텐츠를 출시하며 앞서나가는 추세죠. 이에 대중은 기존 케이블 TV 등의 구독을 끊고 플랫폼으로 이동하고 있습니다. 주변에서 집에 TV를 아예 두지 않는 경우도 심심치 않게 찾아볼 수 있게 됐습니다.

플랫폼 간 경쟁이 심화되면서 콘텐츠의 양도 기하급수적으로 늘어났습니다. 하루 종일 핸드폰만 붙잡고 있어도 최신 콘텐츠를 모두 시청하기 어려울 정도가 됐습니다. 이에 장편의 시리즈나 영화를 요약해 주는

'서머리 콘텐츠Summary Contents'도 인기를 끌고 있습니다. 몰아보기, 배속재생 등 콘텐츠를 폭식하는 '빈지 뷰잉Binge Viewing' 문화도 확산됐죠. 시장도 가파른 성장세를 보이고 있습니다. 스태티스타의 2023년 3월 자료에 따르면, OTT 시장 규모는 올해 3,161억 6,000만 달러 수준에 이를 것으로 예측됩니다. 2017년의 725억 3,000만 달러와 비교해 네 배가 넘는 성장을 기록할 전망인 셈입니다.

이 어마어마한 시장을 미국이 쥐고 있습니다. 넷플릭스, 디즈니 플러스, 아마존 프라임, 유튜브, HBO 맥스, 훌루, 파라마운트 플러스까지 모두 미국 기반의 OTT 플랫폼입니다. 2023년 1월 스태티스타 자료에 따르면, OTT 시장에서 미국 기업들의 점유율을 합하면 80%를 넘어섭니다.

09

운송 섹터:
픽업트럭이 남자의 로망이 된 이유

"If you got it. A truck brought it."

2019년 개봉한 마틴 스코세이지 감독의 〈아이리시맨〉은 1957년부터 1971년까지 화물 운송 노조위원장을 지낸 지미 호파라는 실존 인물의 실종 사건을 소재로 한 소설 〈I Heard You Paint Houses〉를 영화화한 작품입니다. 알 파치노가 이 인물의 역할을 맡았죠. 호파는 당시 국제운전사형제단International Brotherhood of Teamster, IBT을 230만 명의 조합원을 보유한 미국 최대 규모의 노조로 성장시키며 막강한 권력을 휘둘렀는데요. 극 중에서 그가 이런 말을 합니다. "당신이 무엇인가를 받았다면, 이는 트럭이 가져온 것입니다".

    운송 섹터는 미국 산업 전체를 떠받치는 기둥과도 같습니다. 광활한 미국의 토지를 연결해 주는 물류·유통망이 없었다면 우리가 아는 미국의 모습은 매우 달라졌을 겁니다. 운송은 생산기지부터 유통 지점을 거쳐 최종적으로는 소비자에게까지 상품이 도달할 수 있도록 보장하는 역할을 수행합니다. 트럭, 철도, 항공, 해운 등 다양한 운송 수단이 사용되죠. UPS, 페덱스, 엑스포, 아마존 등과 같은 기업이 이 섹터의 강자입니다.

점유율로 보면 트럭이 단연 압도적입니다. 스태티스타가 2022년 12월 발표한 자료에 따르면, 2020년 기준 전체 물동량의 약 62%를 트럭이 운송했습니다. 트럭 산업의 시장 규모도 7,323억 달러에 달하며, 90만 명이 넘는 운전사를 포함해 정비사와 관리자 등 수백만 명의 일자리를 책임지고 있습니다. 지미 호파의 말이 허풍은 아닌 셈입니다.

산업을 넘어서 문화가 된 트럭

오랜 역사와 상당한 규모를 자랑하는 트럭 산업은 미국인들에게 단순한 운송 수단 이상의 의미가 있습니다. 우리나라에서도 종종 픽업트럭을 '남자의 로망'이라고 표현하곤 하죠. 트럭의 본고장 미국에서 픽업트럭은 견고함, 독립성, 근면함 등을 상징하는 자동차로 자리매김해 있습니다. 마니아층도 탄탄하죠.

이는 자동차 기업들의 실적에서도 나타납니다. 제너럴 모터스GM는 2023년 1분기에 27만 대가 넘는 트럭을 판매했습니다. 이는 전체 판매량의 약 45%에 달하는 수준이죠. 같은 기간 포드도 25만 대가 넘는 트럭을 판매하며 전체 판매량의 53%가량을 여기서 기록했습니다. 두 기업의 미국 자동차 시장 점유율을 고려하면 미국인들이 트럭을 얼마나 사랑하는지 알 수 있습니다. 스텔란티스의 램 트럭스, 크라이슬러의 지프 등 기업들도 미국의 대표적인 트럭 기업입니다.

운전만 하면 끝? 운송도 혁신을 계속한다!

운송을 단순히 물건을 한 장소에서 다른 장소로 옮기기만 하면 되는 단순한 사업으로 오해하는 경우가 더러 있습니다. 실상은 그렇지 않습니다. 수조 톤에 달하는 어마어마한 물동량을 소화하기 위해선 단순히 운전사가 근면 성실하게 배송하는 것 이상의 다양한 요소들이 필요하죠. 화물을 적재하기 위한 창고, 화물을 효율적으로 다루기 위한 소프트웨어 시스템, 실제 이동을 담당하는 차량 등 운송 인프라에는 다양한 요소가 포함됩니다. 그리고 각 분야에서 더 빠르고, 더 저렴하고, 더 안전한 유통을 확립하기 위한 혁신도 끊이지 않고 있습니다.

창고에서는 무인·자동화 흐름이 가속화되고 있습니다. 심보틱, 로크웰 오토메이션, Abb 등 자동화 솔루션 기업들이 이를 주도하고 있죠. 창고 내 물품 운반을 위해 AGV Automated Guided Vehicle와 AMR Autonomous Mobile Robot 기술이 사용됩니다. 각각 사전에 입력된 이동경로에 따라 혹은 자율적 운행을 통해 물건을 이동하는 방식을 뜻합니다. 옮겨진 물건은 로봇 팔 및 그리퍼(손 형태)를 사용해 포장 및 적재

됩니다. 물류 최적화를 뒷받침하는 창고 매니지먼트 시스템WWS도 도입되고 있습니다.

배송 기술에서는 자율주행과 친환경이 혁신의 핵심 키워드입니다. 통상적으로 고속도로 환경은 도심보다 자율주행의 난도가 낮은 것으로 여겨집니다. 잦은 회전, 차선 변경, 신호등, 보행자 등 신경 써야 할 요소가 많은 시내 주행과 달리 고속도로에서는 앞으로 가기만 하면 되니 말이죠. 대부분 시간을 고속도로에서 보내는 화물 트럭의 자율주행이 주목받는 이유입니다.

지속 가능한 산업을 만들기 위해 전기 트럭을 도입하는 등 친환경 운송 인프라 구축에도 많은 기업이 힘쓰고 있습니다. 스태티스타가 2023년 2월 제시한 자료를 보면, 2020년 미국 내 모든 운송 수단의 탄소 배출량 가운데 중형 및 대형 트럭Medium and heavy-duty truck이 차지하는 비중은 25%를 넘었습니다. 이는 승용차(38%)에 이어 두 번째로 많은 수준입니다. 운용 대수에서 압도적인 차이가 난다는 점을 고려하면 한 대의 트럭이 발생하는 온실가스가 결코 적지 않은 수준임을 알 수 있죠. 1990년 이후 지속적으로 늘어온 트럭의 탄소 배출량은 2020년 들어 전년 대비 4% 가까이 줄어들며 유의미한 감소세를 보이기 시작했습니다. 미국 정부가 '클린 트럭 플랜'을 발표하며 운송 사업의 친환경 전환에 드라이브를 걸었기 때문입니다.

10

대형 할인마트 섹터:
Save Money. Live Better.

미국인들의 일상을 바꾸다

미국 하면 떠오르는 풍경이 있죠. 끝없이 펼쳐진 평야와 지평선을 가로지르는 아스팔트 도로. 그리고 주변에는 아무것도 없습니다. 가끔 지나가는 차나 오토바이가 전부일 뿐, 마을이나 도시로 진입하기 전에는 사람 사는 집 하나 찾기 힘듭니다. 심지어 사람들이 사는 마을도 모여 있는 것이 아니라 산재해 있죠. 마을에서 마을, 도시에서 도시로 이동하기 위해서는 조용한 도로를 한참이나 달려야 합니다.

그리고 이 풍경 속에서 빠지지 않는 것이 바로 대형 할인마트입니다. 가끔 영화를 보면, 허허벌판에 월마트나 코스트코 같은 대형 할인마트 건물이 떡하니 버티고 서 있는 장면이 나옵니다. 그 앞에는 평수를 헤아릴 수 없이 넓은 주차장이 펼쳐져 있습니다. 대형 할인마트에서 나오는 손님들은 저마다 카트 한가득 물건들을 싣고 있습니다. 이게 현대 미국인들의 일상입니다.

과거에는 달랐습니다. 매일 같이 머나먼 길을 달려 필요한 것들을 사러 다녀야 했습니다. 또 물품의 종류에 따라 다른 매장을 방문해야 했죠. 예를 들면, 정육점에서 고기를 산 후 차를 몰고 한참 떨어진 주류매장에서 맥주를 삽니다. 그리고 또 차로 이동해 의류점에서 옷을 사고요. 그렇게 여러 매장을 들려 쇼핑을 마친 후 집으로 돌아갑니다. 그리고 이때 구매한 물품이 다 떨어지면, 또다시 이를 반복해야 합니다.

그러나 대형 할인마트가 등장하며 모든 것이 달라졌습니다. 이제 한 번의 쇼핑으로 필요한 종류의 물품을 모두 구매할 수 있게 됐습니다. 덕분에 도로 위에서 돈과 시간을 낭비할 필요가 없어졌죠. 미국인의 생활양식이 바뀌었다고 해도 과언이 아닙니다.

"Everyday Low Prices"

대형 할인마트라는 명칭에서 주목해야 할 점이 있죠. 바로 '할인'을 해준다는 겁니다. 대형 할인마트가 미국인들의 일상을 바꿀 정도로 커다란 성공을 거둘 수 있었던 것은 저렴한 가격 덕분이기도 합니다. 대표적인 사례가 월마트입니다.

'Everyday Low Prices', 일명 EDLP 전략은 월마트의 핵심 경영 철학 중 하나입니다. 이 전략의 주요 목표는 가격 변동성을 최소화하고 상품 가격을 일관되게 낮은 수준으로 유지하는 겁니다. 이를 통해 대형 할인

마트에서는 항상 저렴한 가격으로 어떤 상품이든 구입할 수 있다는 인식을 퍼트리는 거죠. 결론부터 말하자면, 이 전략은 완벽하게 먹혀들었습니다. 월마트는 저렴한 가격에 상품을 판매함에도 불구하고, 전 세계적으로 가장 큰 규모의 매출을 내는 기업 중 하나입니다.

대형 마트들의 거대한 몸집을 고려하면 이처럼 가격을 낮추면서 수익성을 높이기는 쉽지 않았을 텐데, 어떻게 이런 전략을 펼칠 수 있었던 걸까요? 그 배경에는 강력한 가격 협상력이 있습니다. 대형 할인마트는 다양한 물건을 대규모로 들여와 판매합니다. 그만큼 공급업체로부터 저렴한 가격에 물건을 공급받을 수 있는 겁니다. 덕분에 최종 소비자에게도 저렴한 가격에 상품을 제공할 수 있는 거죠.

미국 경제 지표로 쓰이는 기업 실적

대표적인 대형 할인마트인 월마트의 실적은 미국 경제 지표와 같은 역할을 합니다. 월마트의 실적을 통해 미국 소비의 현주소를 알 수 있기 때문이죠. 미국 경제에서 소비가 차지하는 비중은 3분의 2에 달합니다.

쉽게 말해, 월마트의 실적이 잘 나오면 소비가 활발하게 이뤄지고 있다는 의미입니다. 소비심리가 강하고 소비자 신뢰도가 상승할수록 경기도 활기를 띱니다. 이는 경제 성장으로 이어지죠. 반대로 월마트의 실적이 악화됐을 때는 소비 위축의 신호로 해석할 수 있습니다. 소비자들이 지출을 줄이고 있다는 건데, 지갑을 닫는 데는 이유가 있으니까요. 일자리가 줄어들었거나, 금리가 올랐거나, 어떤 이유에서든 가처분소득이 줄어들었다는 겁니다. 그리고 이는 경기침체의 전조로 여겨집니다.

물론 월마트의 실적만으로 미국 경제 전반을 판단하기에는 무리가 있습니다. 이외에도 다양한 데이터를 종합해서 살펴볼 필요가 있죠. 그러나 월마트의 실적이 소비의 풍향계 역할을 한다는 것은 분명합니다. 월마트, 나아가 대형 할인마트가 미국 경제에서 얼마나 중요한 위치를 차지하고 있는지를 알 수 있는 대목입니다.

11
헬스케어 섹터: 건강보험 없이는 못 살아

국민건강보험이 없는 나라

우리나라 국민이라면 국민건강보험, 일명 '건보'의 존재를 아실 겁니다. 이 보험이 있으면 병원에 갔을 때 대부분의 진료 금액을 국민건강보험공단에서 납부해 줍니다. 가입자는 일부 본인 부담금만 내면 됩니다. 처방받은 약을 약국에서 탈 때도 적은 비용만 내면 되죠. 덕분에 국민은 부담 없이 의료 서비스를 누릴 수 있습니다. 이 때문에 우리나라에서는 돈이 없어 치료를 못 받고 죽는 일은 별로 없습니다.

그러나 미국의 사정은 다릅니다. 돈이 없어 치료를 못 받고 사망에 이르는 일이 왕왕 일어납니다. 의료비가 어마어마하게 비싸기 때문이죠. 미국에서는 구급차를 한 번 부르는 데만 400달러에서 많게는 2,000달러까지 지불해야 합니다. 경우에 따라 더욱 높은 금액을 내야 할 때도 있죠. 그뿐인가요? 한 번 검사나 치료를 받는 데도 비싼 값을 치러야 합니다. 가령 내시경 검사를 한 번 받는 비용은 1,500달러에서 1만 달러 수준입니다.

어째서 미국의 의료 비용은 이렇게 비쌀까요? 이유는 간단합니다. 국민건강보험처럼 모든 국민에게 보편적으로 보장되는 건강보험 제도가 없기 때문입니다. 정부가 제공하는 프로그램이 있기는 하지만 한정적입니다. 또한 민간 건강보험이 있지만 이 역시 비용이 들죠. 민간 건강보험에 가입했더라도 어떤 상품에 가입했는지에 따라 혜택은 달라집니다. 복잡하기 짝이 없죠?

건강보험도 기업이 판다

미국에서는 기본적으로 민간 건강보험이 주류를 이루고 있습니다. 연방이나 주 정부가 운영하는 건강보험도 있지만, 저소득층을 대상으로 하거나 65세 이상 노인들에게만 제공하는 등 한정적입니다. 혜택 범위에 포함되지 않는 사람들은 민간 건강보험에 들어야 합니다. 마치 상품을 구매하는 것처럼 말이죠. 보험의 종류는 다양합니다. 고용주가 가입해 직원들에게 혜택을 제공하는 상품부터 개인이 직접 보험회사와 계약을 맺어 구입하는 상품까지, 여러 가지가 있습니다.

민간 건강보험이라는 이름에서 알 수 있듯, 이 상품을 판매하는 건 기업들입니다. 보험회사들이죠. 대표적으로는 유나이티드헬스 그룹이 있습니다. 엘레반스 헬스, CVS 헬스, 휴마나, 시그나 등도 보험 사업을 영위하고 있습니다. 이들 기업은 다양한 보험 상품을 판매해 보험료를 받습니다. 민간 보험만이 아니라 자동차 보험이나 재산 보험, 책임 보험 등도 포트폴리오에 포함되어 있죠.

이 보험 사업의 강점이라면 역시 안정성입니다. 보험은 필수 소비재의 특성을 띠고 있습니다. 필수 소비재는 삶을 영위하기 위해 반드시 소비해야 하는 재화를 의미하는데요. 앞서 이야기한 것처럼 미국은 전 세계적으로 의료 서비스 비용이 많이 드는 나라 중 하나입니다. 보험이 있어도 비싼데, 무보험으로 치료받거나 약을 타려면 엄청난 돈이 들죠. 따라서 미국인들은 울며 겨자 먹기로 보험에 들 수밖에 없습니다. 언제 갑자기 몸이 아프거나 사고를 당할지 알 수 없기 때문입니다. 심지어 경기가 둔화되고 소득이 줄어드는 상황에서도 보험료 지출은 줄이기 힘듭니다. 이는 보험사 입장에서는 경기와 무관하게 안정적으로 실적을 낼 수 있다는 의미입니다.

보험사에서 종합 헬스케어 기업으로

아무리 안정적인 사업을 영위하고 있다고 해도 변화를 도모하지 않는다면 외면당하는 법이죠. 이 사실을 잘 알고 있는 보험사들은 종합 헬스케어 기업으로 변신하고 있습니다. 보험 판매에만 그치지 않고 다양한 건강 관리 서비스를 제공하는 거죠. 고객의 건강을 개선하기 위해서입니다.

 이처럼 고객 건강 개선을 위해 노력하는 이유는 사실 수익성을 개선하기 위해서입니다. 보험사들의 수익은 기본적으로 보험료 형태로 발생합니다. 보험에 가입한 고객들이 내는 돈이죠. 그런데 고객들의 건강이 나빠져서 병원이나 약국을 많이 이용하게 되고, 이에 따라 보험사에서 돌려줘야 하는 돈이 늘어나면 어떻게 될까요? 당연히 수익성이 악화됩니다. 보험사 입장에서는 보험에 가입한 고객들의 건강이 유지될수록 좋은 겁니다.

 물론 이런 의문을 가질 수도 있습니다. "고객들이 건강하면 보험에서 탈퇴할 테니 보험사 입장에서 나쁜 거 아냐?"라고 물을 수 있습니다. 그러나 보험은 기본적으로 미래를 대비하는 상품입니다. 당장 건강한 고객들도 미래에 갑자기 건강이 나빠지거나 의료 서비스를 이용하게 될 수도 있다는 우려를 하죠. 따라서 많은 경우, 건강한 사람들도 한 번 보험에 가입하면 쉽게 이탈하지 않습니다.

 따라서 헬스케어 사업은 보험사들의 미래 성장 동력이자 주요 경쟁력 중 하나입니다. 최근 보험사들은 공격적인 인수합병M&A을 통해 헬스케어 사업을 강화하고 있습니다. 유나이티드헬스 그룹은 의료기술 스타트업 체인지헬스케어를 품었고, CVS 헬스는 재택 의료업체 시그니파이헬스를 인수한 바 있습니다.

12
소매업체 섹터: 세계를 점령한 미국 브랜드

가장 미국적인 브랜드

미국에는 수많은 브랜드가 존재합니다. 다 나열하기 힘들 정도로 말이죠. 이 중에서는 전 세계적으로 유명세를 떨치는 브랜드도 많습니다. 나이키, 디즈니, 스타벅스, 코카콜라 등은 우리가 항상 듣는 이름들입니다. 그리고 이들 중에는 미국이기에 탄생할 수 있었던 브랜드들도 있습니다. 가장 미국적이라는 수식어가 붙는 브랜드는 무엇이 있을까요?

가장 먼저 떠오르는 이름은 역시 맥도날드입니다. 맥도날드의 대표 메뉴인 햄버거는 미국의 상징적인 음식이라 할 수 있습니다. 미국은 땅덩어리가 넓은 만큼 도로 위에서 보내는 시간이 깁니다. 이때 간편하게 식사를 해결할 수 있는 메뉴가 햄버거였습니다. 맥도날드는 메뉴를 단순화하면서 저렴한 가격에 빠르게 음식을 제공했습니다. 이는 장거리 운전을 하는 미국인들의 식사 부담을 덜어줬습니다. 잠시 차를 세워놓고 벤치에 앉아 식사하거나 심지어 차에서 먹을 수도 있었기 때문이죠.

맥도날드라는 프랜차이즈 자체가 미국이기에 탄생할 수 있었다고 해도 과언이 아닙니다.

의류업체 중에서는 리바이스를 꼽을 수 있겠습니다. 햄버거가 미국의 대표적인 음식인 것처럼, 청바지는 미국의 대표적인 의류입니다. 청바지의 탄생은 19세기 중반의 미국으로 거슬러 올라갑니다. 당시 미국 캘리포니아에서 금맥이 발견되면서 금광업체들이 몰려들었습니다. 이들 기업은 수많은 광부를 고용해 금을 채굴했죠. 이때 광부들이 입을 튼튼하고 오래 가는 작업복이 필요했습니다. 이때 탄생한 옷이 바로 청바지입니다. 그리고 이 청바지를 세상에 내놓은 것이 바로 리바이스의 창업자인 리바이 스트라우스입니다.

자동차 브랜드 중에서는 포드가 있습니다. 포드의 대표 차종이라 하면 역시 픽업트럭이 떠오르죠? 픽업트럭 탄생의 배경에는 미국의 산업화 흐름이 있습니다. 19세기 말에서 20세기 초반, 미국의 산업화와 도시화는 급속하게 진행됐습니다. 그런데 워낙 땅이 넓다 보니, 차량이 필수적이었죠. 특히 농업, 산업, 건설 현장 등에서 물품을 운반하는 데 쓸 실용적이고 견고한 차량이 필요했습니다. 이러한 요구에 따라 포드는 넓은 화물칸과 견고한 프레임을 갖춘 픽업트럭을 내놓았고, 엄청난 성공을 거두게 됩니다.

모터사이클 브랜드로는 할리데이비슨이 떠오릅니다. 할리데이비슨은 크루저 형태의 모터사이클로 특히 유명합니다. 이 크루저 모터사이클은 국내에서는 아메리칸 바이크로 불립니다. 픽업트럭과 마찬가지로 미국의 환경에 최적화된 형태입니다. 도로 위에서 보내는 시간이 길기 때문에 크루저는 편안한 탑승감에 방점을 찍었습니다. 시트 높이는 낮고, 발을 앞으로 뻗는 자세로 탈 수 있죠. 할리데이비슨은 이러한 크루저 시장에서 우위를 점하며 미국의 아이코닉한 브랜드로 자리매김했습니다.

미국을 넘어 세계로

미국적인 매력을 내세워 성공한 브랜드들은 미국에 안주하지 않고 더 넓은 세상으로 나아갔습니다. 각양각색의 전략을 펼치며 글로벌 시장을 공략한 거죠. 미국에서 성공한 방식을 극대화해 다른 국가의 소비자들을 사로잡은 브랜드가 있는가 하면, 전면적인 현지화를 시도해 시장에 안착한 브랜드도 있습니다.

맥도날드는 미국의 환경에 최적화된 패스트푸드 프랜차이즈 체인으로 성공했죠. 그리고 맥도날드는 이 형태를 유지한 채 다른 국가에서도 어마어마한 성과를 거뒀습니다. 어느 나라에나 빠르고 저렴하며 편리한 식사에 대한 니즈는 있었습니다. 맥도날드는 미국식 패스트푸드로 이들의 마음을 사로잡았죠. 맥도날드의 글로벌 시장 진출과 함께 패스트푸드 문화가 빠르게 확산했다고 해도 틀린 말은 아닙니다.

물론 맥도날드는 현지 소비자들의 입맛을 잡는 것에도 신경을 썼습니다. 음식 특성상 소비자들의 취향이나 선호도와 직결되어 있기 때문입니다. 맥도날드는 일본에서 데리야키 버거를 출시하며 큰 호응을 얻었고, 중동에서는 맥아라비아를 내놨습니다. 이 메뉴는 아랍인들이 선호하는 닭고기와 아랍식 빵을 사용한 버거로, 현지인들의 입맛은 물론 문화적 규범도 고려한 셈입니다.

나이키는 적극적인 현지화 전략을 통해 글로벌 시장을 장악한 사례입니다. 이 기업은 철저한 시장 조사를 통해 현지 소비자들의 취향이나 선호도, 그리고 그 국가의 트렌드를 이해합니다. 그리고 이를 바탕으로 나라마다 적합한 제품을 선보이거나 마케팅을 펼칩니다. 가령 나이키는 무슬림 여성을 위한 스포츠 히잡을 내놨는데요. 상의와 하의는 나이키의 기본 여성 운동복과 큰 차이가 없지만, 노출을 최소화하는 등 이슬람권의 관습을 따른 점이 눈에 띕니다. 또한 나이키는 이를 상품으로 출시하기 전, 아랍권 여성이 등장하는 광고를 내보내면서 시장 반응을 살피기도 했어요.

나이키는 매장도 현지 소비자들의 특성을 반영하여 맞춤화합니다. 처음 매장에 들어서는 소비자들이 친숙함과 편안함을 느끼게 하기 위해서입니다. 나이키는 매장에 현지 예술 작품과 건축적 특징을 사용하는 것은 물론 이슬람 국가에서는 매장에 기도실을 마련하는 등 그 나라의 문화를 적극적으로 수용해 반영했습니다. 또한 매장 내 이벤트도 그 나라의 스포츠 선수를 섭외해서 개최했습니다. 이를 통해 현지 소비자들을 환영한다는 메시지를 전한 겁니다.

브랜드의 힘

이와 같은 브랜드 기업들은 시장에서 소매업체에 속합니다. 이 안에서 또 판매하는 물건의 종류에 따라 필수 소비재와 임의 소비재로 나뉩니다. 필수 소비재란 말 그대로 삶을 영위하기 위해 반드시 소모해야 하는 재화를 말합니다. 음식료는 물론 치약이나 세안용품, 전기, 가스 등을 의미하죠. 경기 소비재라고도 불리는 임의 소비재는 소비자의 가처분 소득, 거시 경제 상황 등에 따라서 영향을 받는 소비재입니다. 여기에는 자동차나 여행, 레저 등이 포함됩니다. 그러나 경기와 소비심리에 영향을 받는다는 점은 공통점이죠.

필수 소비재와 임의 소비재의 구분과는 별개로 브랜드 기업에 대해 살펴볼 때 반드시 주목해야 하는 부분이 있습니다. 흔히 '이름값'이라 부르는 브랜드 가치입니다. 브랜드 가치는 소비자들의 제품 선택에 큰 영향을 줍니다. 예를 들어, 운동화를 구매하려고 할 때 소비자들은 어떤 브랜드에서 구매할지 고민합니다. 물론 가격이나 브랜드 등 다양한 요소를 고려하겠지만, 브랜드 자체의 이미지나 명성도 무시할 수 없죠.

이 브랜드 가치가 왜 중요하냐 하면, 경기나 소비심리와 무관하게 견조한 수요를 유지할 수 있게 해주기 때문입니다. 특히 소비 위축 국면에서 말이죠. 브랜드 가치가 높다는 건 그만큼 소비자들의 선택을 받기 유리한 위치에 있다는 의미입니다.

13
자동차 섹터: 미국 역사와 동반 성장하다

미국 역사와 더불어 발전한 자동차 산업

자동차 산업은 미국 역사와 발맞춰 성장했다고 해도 과언이 아닙니다. 자동차 역사의 시작은 19세기지만, 급속도로 발전한 것은 20세기 초반부터입니다. 미국의 도시화와 공업화가 이뤄졌던 시기와 맞물리죠. 장거리 이동 수단의 필요성이 커진 가운데 제조 기술이 혁신적으로 발전하며 자동차 대량 생산이 가능해진 겁니다. 시대의 요구에 산업이 부응한 셈입니다.

자동차 산업은 미국의 경제 발전과 도시 계획, 나아가 일상생활에도 큰 영향을 미쳤습니다. 또한 미국 사회의 문화에 깊이 뿌리내렸죠. 자동차는 개인의 이동 수단으로서 자유와 독립을 상징합니다. 자동차가 대중화되면서 미국인들은 자신의 차량을 소유할 수 있게 됐고, 이는 개인의 이동 능력을 높여주면서 생활의 편의성도 개선해 줬습니다. 일각에서는 미국에 팽배한 개인주의의 씨앗이 자동차가 대중화되면서 뿌려진 것이라는 의견도 나올 정도죠. 미국과 자동차 산업이 얼마나 긴밀한 연관이 있는지 짐작할 수 있습니다.

예견된 미래 전기차 시대

미국의 황금기를 이끈 자동차지만, 최근 변화의 기류가 보이고 있습니다. 내연기관 차량에서 전기차로 전환되고 있는 겁니다. 환경오염이 중요한 화두가 되자 친환경 차량에 대한 관심이 높아졌습니다. 그리고 친환경 차량의 대표주자가 바로 전기차입니다. 정부는 전기차 산업의 성장을 지원하는 정책을 내놨고, 기업들은 전기차를 적극적으로 활용하고 있죠. 소비자들 역시 전기차를 선택하고 있습니다.

이러한 흐름 속에서 폭발적으로 성공한 전기차 기업이 있죠. 테슬라입니다. 사실 이 기업은 역사가 꽤 깁니다. 2006년 첫 전기차인 테슬라 로드스터를 내놨고, 이후 모델 S, 모델 X 등 다양한 전기차 차종을 선보였습니다. 그러나 지금처럼 엄청난 스포트라이트를 받게 된 것은 최근 일입니다. 모델 Y가 출시된 후 1년이나 지난 2020년에서야 시장 안팎의 주목을 받은 겁니다. 기후 변화에 대한 관심이 급속도로 커진 덕분입니다.

자동차 제조업체들도 변화를 도모할 수밖에 없어졌습니다. 전기차 시장이 향후 더욱 가파른 속도로 성장할 것을 고려하면, 탄소중립 기조 속에서 외면당하는 내연기관 차량만 생산해서는 승산이 없어진 겁니다. 자동차 산업의 무게중심이 이미 내연기관 차량에서 전기차로 넘어갔습니다. 한편으로는 기업에 대한 친환경 경영 요구가 커지는 상황에서 완성차 업체들만 이를 모르는 척할 수도 없습니다.

완성차 업체들은 잇따라 전기차 기업으로의 전환을 도모하고 있습니다. 미국 완성차 업체 포드는 오는 2030년까지 전체 판매 비중에서 전기차 판매량을 50% 이상으로 확대한다는 계획입니다. 마찬가지로 미국에 적을 둔 제너럴모터스GM는 2035년까지 모든 차종을 전기차로 바꾸고 내연기관차 판매를 중단할 것이라고 밝혔습니다. 일명 럭셔리 브랜드도 전기차 전환에 속도를 내고 있습니다. 롤스로이스는 오는 2030년까지 모든 차종을 전동화하기로 했고, 포르셰는 이미 다양한 전기차를 선보이고 있습니다.

탄소중립의 시대

전기차 산업이 성장할 수밖에 없는 이유를 설명하자면, 우선 탄소중립에 관해 이야기해야 합니다. 넷-제로Net-Zero라고도 불리는 탄소중립은 배출한 탄소량과 흡수되는 탄소량을 일치하게 해 실질적인 배출량을 0으로 만드는 개념입니다. 온실가스가 기후 변화의 원인으로 지목되면서 탄소중립의 중요성이 점차 커졌죠. 지금에 이르러서는 미국부터 유럽연합EU, 중국, 일본 등 여러 국가가 2050년 혹은 그 이전까지 탄소중립을 달성하는 것을 목표로 하고 있습니다. 우리나라도 마찬가지입니다.

미국은 지난 2021년부터 다시 파리 기후 협약에 가입해 기후 변화 대응을 강화하고 있습니다. 미국은 이 협약에 따라 2030년까지 온실가스 배출량을 2005년 대비 50~52% 수준으로 줄이는 것이 목표입니다. 연방 정부와 주 정부는 에너지 효율 개선이나 재생 에너지 프로젝트를 지원하고 있습니다. 한편으로는 다양한 정책을 통해 기업과 개인을 끌어들이며 친환경 행보를 더욱 강화하고 있습니다.

탄소중립이 중요한 가치로 대두되며 기업들도 이를 달성하기 위해 노력하고 있습니다. 대표적으로 애플은 2030년까지 전체 제품 생산 및 공급망을 포함해 탄소중립을 달성하는 것을 목표로 세웠습니다. 이를 위해 재생 에너지 사용을 확대하고 에너지 효율성을 개선하고 있습니다. 또 한편으로는 친환경 소재 사용을 늘리면서 제품을 재활용하기 위한 노력도 하고 있죠. 아마존도 마찬가지입니다. 아마존은 2040년까지 탄소중립을 이루겠다는 기후서약을 했습니다. 이에 따라 배달용 차량을 전기차로 바꾸거나 재생 에너지를 활용하는 등 다양한 방법으로 노력하고 있습니다.

이처럼 친환경으로의 전환은 거스를 수 없는 흐름입니다. 또한 이 변화는 시간이 지날수록 더욱 거세질 겁니다. 따라서 자동차 산업이 전기차를 위시한 친환경 차량을 중심으로 성장하는 것은 당연한 수순입니다.

14

금융 섹터: 월스트리트의 나라

세계 금융의 중심 월스트리트

미국 하면 금융, 금융 하면 월스트리트죠. 월스트리트라는 이름 자체가 금융시장을 의미하는 단어로 쓰일 정도이니, 세계 금융의 중심이라고 불러도 과언이 아닙니다. 미국에서도 월스트리트가 차지하는 상징성은 대단합니다. 미국 금융시장의 발전이 월스트리트와 맞물려있기 때문입니다.

역사의 시작은 17세기 말로 돌아갑니다. 미국이 아직 영국 식민지였던 시절, 미국 최초의 주식회사가 탄생합니다. 바로 버지니아 컴퍼니 Virginia Company입니다. 이 회사는 미국에 영구 정착지를 세우고 교역을 발전시키기 위해 설립됐습니다. 버지니아 컴퍼니는 투자자들에게 이익의 분배를 약속하며 주식 발행을 통해 자금을 조달했습니다. 현대의 기업들이 사업 자금을 유치하는 것과 같은 방식이죠. 그리고 이 방식은 성공적이었고, 다른 기업들도 이를 본받아 자금을 조달하기 시작했습니다.

주식을 발행하는 기업이 늘어나고 주식 거래를 하는 사람도 증가하면서 주식을 거래할 장소가 필요해졌습니다. 1792년 24명의 브로커와 상인들이 수수료와 거래 방식을 결정하고 주식경매시장을 개설하기로 합의했습니다. 이것이 버튼우드 협약이며, 뉴욕증권거래소의 기원입니다.

월스트리트가 금융시장의 중심으로 자리 잡은 시기는 19세기입니다. 소수의 브로커에서 시작된 뉴욕증권거래소는 미국 경제의 도시화가 진행되며 급속도로 커졌습니다. 은행을 비롯해서 다양한 금융기관이 줄지어 월스트리트에 들어선 겁니다. 이후 여러 번의 위기를 겪고 이를 극복하면서 성장한 월스트리트는 기술의 발전을 계기로 변화를 겪습니다. 전화와 전보가 도입되면서 증권 거래가 편리해진 거죠. 이에 따라 주식과 채권 등 거래가 더욱 활발해지면서 월스트리트를 중심으로 미국의 금융 서비스가 꽃피기 시작했습니다.

미국 금융업의 꽃

월스트리트에는 다양한 금융기관이 들어서 있지만, 그중 투자은행을 빼놓을 수 없습니다. 미국의 투자은행은 세계 금융 산업에서 하나의 축을 담당하고 있습니다. 전 세계 투자은행 시장에서 가장 중요한 역할을 한다고 해도 과언이 아니죠. 대표적인 투자은행으로는 JP모간 체이스, 골드만삭스, 모건스탠리 등이 있습니다.

미국의 투자은행이 급속도로 성장한 것은 19세기 중반입니다. 당시 미국에서는 도시화와 산업화에 발맞춰 철도 산업이 폭발적으로 성장했습니다. 그리고 철도 기업들의 사업 규모도 급속도로 커졌죠. 이 때문에 기업들은 엄청난 자금을 조달해야만 했습니다. 이 과정에서 투자은행들은 중요한 역할을 맡았죠. 일개 기업으로서는 감당하기 어려운 규모의 자금을 유치할 수 있도록 도운 겁니다.

투자은행은 20세기에 들어서면서 더욱 가파르게 성장했습니다. 계기는 1929년 일어난 대공황이었습니다. 당시 미국 정부는 금융시장의 혼란을 수습하고 안정화하기 위해 다양한 규제를 도입했습니다. 그중 하나가 1933년에 제정된 글라스 스티글 법안입니다. 이 법안에 따라 상업은행과 투자은행의 업무는 철저히 분리됐습니다. 상업은행은 예금과 대출 등 전통적인 은행 업무에만 집중하게 된 거죠. 그리고 투자은행은 이른바 증권 발행과 인수, M&A 자문 등 '투자은행 업무'에만 집중하게 되면서 그 중요성이 더욱 커졌습니다.

투자은행 업무는 다양하지만, 그중 대표적인 것을 꼽으라면 자금 조달과 M&A 자문입니다. 투자은행은 기업이나 정부 기관의 주식 및 채권 발행을 돕고, 프로젝트파이낸싱PF을 지원합니다. 또한 M&A 과정에서 거래 구조를 설계하거나 협상을 지원하고, 기업의 가치를 평가하는 역할을 합니다. 금융 지원 역시 도맡아 하죠. 이외에도 다양한 금융 상품에 투자할 수 있도록 거래 서비스를 제공합니다. 또한 리스크 관리를 포함해 자산을 운용하는 데 도움을 주기도 합니다.

거대한 섹터, 커다란 비중

미국 금융시장은 거대합니다. 따라서 금융 섹터도 다종다양한 기업들로 구성되어 있습니다. 일반적으로 금융이라고 하면 떠올리는 상업은행이나 투자은행 외에도 증권사, 보험사, 자산관리사, 신용카드 회사, 주택융자 금융회사 등이 금융 섹터에 속해있습니다.

  미국 경제에서 금융시장이 차지하는 비중이 상당하고 또한 금융시장의 역사가 긴 만큼 익숙한 이름들도 쉽게 찾아볼 수 있습니다. 버크셔 해서웨이도 이 섹터에 속해있습니다. 이 투자 지주회사는 오마하의 현인으로 불리는 워런 버핏이 이끄는 것으로도 유명하죠. 또한 국내에서도 신용카드 서비스를 제공하는 비자와 마스터, 아메리칸 익스프레스 등도 있습니다. 다양한 재무 정보를 분석하고 이를 토대로 자료를 제공하는 S&P 글로벌 역시 금융 섹터에 포함되어 있습니다.

15

부동산 섹터:
누구나 할 수 있는 부동산 투자

미국 부동산에 투자하는 가장 쉬운 방법

투자자라면 누구나 부동산 투자에 대한 욕망을 갖고 계실 겁니다. 그러나 부동산 투자는 쉽지 않습니다. 우선 막대한 규모의 자산이 없다면 부동산 투자에 뛰어들기 어렵습니다. 흔히 부동산이라 불리는 땅이나 건물은 매우 비싸기 때문입니다. 또한 부동산 투자는 주식 투자 이상으로 전문적인 지식을 요구합니다. 투자 매물을 정하기에 앞서 시장 조사를 확실히 해야 하고, 이후에도 복잡한 법적 절차를 밟아야만 합니다.

그러나 이처럼 복잡하고 어려운 부동산 투자를 쉽게 해주는 수단이 있습니다. 바로 리츠Real Estate Investment Trusts · REITs입니다. 리츠는 쉽게 말하면 부동산 투자회사입니다. 다양한 종류의 부동산 자산을 보유하고 있고, 이를 운영하거나 관리하는 데 초점을 맞춘 기업이죠. 투자자들은 이 리츠의 증권을 사고팔면서 부동산에 간접 투자할 수 있습니다.

리츠는 크게 세 가지 유형으로 구분할 수 있습니다. 가장 대표적인 건

에퀴티 리츠Equity REITs입니다. 이들은 부동산을 직접 소유하고 임대사업을 영위합니다. 따라서 주요 수익원은 임차인들로부터 거둬들이는 월세 수입이죠. 에퀴티 리츠는 어떤 부동산을 소유하고 있는지에 따라 종류가 달라집니다. 또 다른 유형은 모기지 리츠Mortgage REITs입니다. 이들은 모기지 채권과 같은 파생상품에 투자합니다. 상대적으로 이자가 저렴한 단기 대출로 돈을 빌려 이율이 높은 장기 모기지 채권을 매입한 뒤, 이에 따른 이자 차익으로 수익을 내는 구조입니다. 마지막으로 에퀴티 리츠와 모기지 리츠의 특성을 모두 지니고 있는 하이브리드 리츠가 있습니다.

뚜렷한 장점과 단점

리츠 투자는 국내에서는 낯설지만, 미국에서는 매우 활성화되어 있습니다. 적은 돈으로 안전하게 부동산에 투자할 수 있는 수단이기 때문입니다. 부동산 섹터 대부분이 리츠로 구성되어 있다는 점만 봐도 미국에서 리츠 투자가 얼마나 성행하는지 알 수 있습니다. 다만 리츠 투자는 일반적인 주식 투자와는 상이하므로, 투자에 앞서 특징을 파악하는 것이 매우 중요합니다.

　리츠 투자의 가장 큰 장점은 안정성입니다. 리츠는 부동산 자산을 소유하고 운영하며 이를 기반으로 수익을 창출합니다. 부동산 투자 특성상 시장 상황과 무관하게 상대적으로 안전하며 원활한 현금흐름도 창출할 수 있습니다. 또한 투자자 입장에서도 리츠 투자는 안전성이 높다고 할 수 있습니다. 리츠는 법적으로 세후 이익의 최소 90%를 배당으로 지급해야 합니다. 따라서 투자자는 시장 상황과 무관하게 배당을 통해 수익을 올릴 수 있습니다. 특히 차익실현보다는 소득 안정을 추구하는 투자자들에게 적합합니다.

리츠 섹터는 인플레이션 방어주로도 불립니다. 부동산 자산은 일반적으로 인플레이션과 양의 상관관계를 띕니다. 인플레이션이 일어나면 부동산 자산 가치가 오르고 이를 통해 창출할 수 있는 임대료 등의 수익도 상승합니다. 또한 인플레이션으로 인해 건설 비용도 상승해 신규 부동산 개발이 감소합니다. 이는 기존 부동산 자산의 가치 상승으로 이어집니다. 따라서 인플레이션 국면에서 부동산 투자에 대한 수요는 커집니다.

물론 단점도 있습니다. 대표적인 점은 금리에 큰 영향을 받는다는 겁니다. 기준금리가 오르면 10년물 국채 수익률도 동반 상승합니다. 미국에서는 10년물 국채 수익률이 회사채, 담보대출 등의 기준이 됩니다. 따라서 국채 수익률이 오르면 자산매입 시 대출 금리가 오르고 부채 비용도 커집니다. 따라서 리츠의 수익성이 악화됩니다. 따라서 금리 인상 국면에서 리츠는 타격을 입으며 고금리 환경에서도 영향을 받을 수 있습니다.

골라잡는 부동산 자산

리츠는 어떤 부동산 자산을 보유하고 있는지에 따라 섹터가 갈립니다. 미국 리츠 협회에서는 리츠를 총 12개의 섹터로 분류하고 있습니다. 그리고 이 섹터 안에서 또 소분류가 나누어지기도 하죠. 또한 미국 증권시장에도 다양한 섹터로 나뉘어 상장되어 있습니다.

미국 증권시장을 기준으로 보면, 대표적인 리츠 섹터로는 산업 리츠가 꼽힙니다. 산업 리츠는 주로 물류센터나 창고 관련 사업을 하는 자산을 포트폴리오에 포함하고 있어 물류 리츠라고도 불립니다. 이들의 고객사는 대형 소매업체나 이커머스 기업들로, 최근 이커머스 산업이 급성장하면서 함께 주목받기도 했습니다. 페덱스를 비롯한 운송 업체들을 위한 보관 장소도 제공합니다.

최근 들어 주목받는 섹터로는 특수 리츠 섹터가 있습니다. 이 섹터는 다른 리츠 섹터와 달리 소분류가 나누어져 있습니다. 특수 리츠 섹터에는 스키장, 카지노, 감옥, 문서관리, 심지어는 광고판까지 각각 고유의 특색을 지닌 리츠가 포진해있습니다. 따라서 대표 종목을 논하기에 어렵습니다. 그러나 최근 뜨거운 관심을 받고 있는 리츠라면 역시 데이터센터 리츠입니다. 클라우드 시장이 급격히 커지면서 데이터센터에 대한 수요도 가파른 상승세를 보였습니다. 이는 자연스레 데이터센터 리츠에 우호적인 환경으로 작용했습니다.

이외에도 주거 리츠, 오피스 리츠, 헬스케어 리츠 등 다양한 종류의 리츠가 존재합니다. 따라서 투자자들은 다양한 부동산 자산에 접근하고 투자할 수 있죠. 더욱 풍부한 포트폴리오를 구성할 수 있게 되는 겁니다.

16
바이오 섹터: 바이오 기업은 어떻게 성장할까

몰락한 바이오 벤처 기업의 신화

온라인 스트리밍 서비스를 좋아하는 분이라면 디즈니 플러스에서 〈드롭아웃〉을 보신 적이 있을지도 모르겠습니다. 아만다 사이프리드가 주역을 맡아 열연한 〈드롭아웃〉은 미국 실리콘밸리의 최대 사기극인 '테라노스' 사건을 다룹니다. 실화를 기반으로 한 드라마는 여느 드라마보다도 더욱 극적입니다.

엘리자베스 홈즈는 한때 '여성 스티브 잡스'라고 불릴 정도로 주목받는 실리콘밸리 창업자였습니다. 그 별명대로 검은색 터틀넥을 즐겨 입었습니다. 홈즈는 스티브 잡스나 빌 게이츠, 마크 저커버그처럼 유수 대학을 중퇴하고 19세라는 어린 나이에 메디컬 스타트업 테라노스를 창업했습니다.

테라노스의 슬로건은 '작은 피 한 방울이 모든 것을 바꾼다One tiny drops changes everything'입니다. 테라노스는 이 슬로건대로 피 한두 방울로 콜레스테롤 수치부터 암까지 250여 가지 질병을 진단할 수 있는 키트를 내놓으면서 엄청난 주목을 받았습니다. 통칭 '에디슨'이라고 불리는 이 테라노스 샘플 처리 장치는 그야말로 혁신이었습니다. 가격은 기존 검사의 10% 수준이었고, 혈액을 많이 채취할 필요도 없었습니다. 이는 의료 서비스 비용이 특히 비싼 미국에서 대대적인 주목을 받았습니다.

테라노스의 혁신에 주목한 건 소비자뿐만이 아니었습니다. 순식간에 어마어마한 투자금이 몰렸습니다. 테라노스가 투자받은 금액은 9억 4,500만 달러, 한화로 1조 원이 넘는 규모였습니다. 테라노스의 기업 가치는 수직으로 상승했고, 홈즈는 단숨에 억만장자 반열에 올랐습니다. 2014년 포춘은 홈즈를 커버 스토리로 다뤘고, 2015년에는 조 바이든 당시 미국 부통령이 테라노스를 방문하기도 했습니다. 그해 포브스는 홈즈를 순자산 45억 달러를 보유한 최연소 자수성가 여성 억만장자로 선정하기도 했습니다.

그러나 환상은 깨졌습니다. 홈즈의 사기 행각은 2015년 10월 월스트리트저널의 보도로 드러났습니다. 홈즈가 개발한 진단 키트는 다른 의료용품 업체가 개발한 것을 고친 것이었고, 기껏해야 10여 종의 질병만 진단할 수 있었습니다. 그동안 공개했던 실험 결과들도 조작된 것이었습니다. 심지어 홈즈가 그동안 내세운 이미지 역시 연출된 것이었습니다. 그는 대중의 이목을 끌기 위해 갈색이던 머리카락을 금발로 염색했으며, 목소리도 중성적이고 걸걸하게 꾸민 것으로 드러났습니다.

홈즈와 테라노스의 실체가 드러난 후, 미국 증권거래위원회SEC는 2018년 홈즈를 상대로 사기와 투자자 기만 등 12건의 혐의로 고소했습니다. 캘리포니아 검찰도 홈즈를 사기 혐의로 기소했죠. 테라노스는 2018년 폐업했고, 떠오르는 신성이었던 홈즈는 하루아침에 몰락했습니다. 45억 달러 수준으로 평가받은 홈즈의 자산은 모두 휴지 조각이 됐습니다.

'될 때까지 되는 척하는' 문화

그야말로 희대의 사기꾼이라 할 수 있는 인물이 탄생한 이유는 무엇일까요? 세 치 혀로 현혹할 수 있을 만큼, 미국이 만만한 나라도 아닌데 말입니다. 그 이유는 실리콘밸리의 문화와 미국의 벤처 생태계에서 찾을 수 있습니다.

엘리자베스 홈즈의 사건은 실리콘밸리의 치부를 드러낸 사기 사건으로 평가받습니다. 실리콘밸리의 '될 때까지 되는 척하는' 문화는 그동안 여러 차례 비판받았습니다. 창업자들은 장밋빛 전망을 내세우며 실제 상용화가 힘든 제품이나 서비스를 과대 포장합니다. 그리고 투자자들은 이를 제대로 검증하지 않고 막대한 돈을 투자합니다. 이게 반복되니 일종의 '당연한 문화'처럼 정착됐습니다. 일말의 성과조차 내지 못한 기업들이 혁신을 말하며 제품이나 서비스 대신 꿈과 희망을 파는 것이 용인된 겁니다.

 이 같은 일이 일어나는 배경에는 미국 벤처 생태계가 있습니다. 미국은 세계에서 가장 큰 벤처캐피털VC 시장을 갖추고 있습니다. VC는 초기 단계의 스타트업에 투자해 성장과 발전을 지원합니다. 그리고 이들은 누구보다 발 빠르게 움직입니다. 성공할 잠재력을 지닌 기업을 누구보다 빨리 찾아내고 누구보다 빨리 투자해야 더욱 큰 이익을 기대할 수 있기 때문입니다. 엘리자베스 홈즈가 입증되지 않은 기술로 어마어마한 규모의 자금을 끌어모을 수 있었던 것은 벤처 생태계가 활발했기 때문입니다.

 문제는 이 과정에서 검증이 제대로 이루어지지 않는 경우도 있다는 겁니다. 벤처 생태계가 활발한 만큼 투자 열기도 쉽게 고조됩니다. 그러나 투자 대상이 비상장 기업이라면 투자자들은 회사의 내부 정보에 대해 제한된 접근만 가능합니다. 비상장 기업은 투자자들에게 자세한 정보를 공개할 의무가 없기 때문입니다. 상식적으로 생각하면 이 단계에서 투자를 멈춰야 합니다. 정보가 불투명한 상황에서는 실제 성과와 기술 수준을 확인할 수 없으니 말입니다. 그러나 이미 고조된 투자 열기는 쉽게 사그라지지 않습니다. 즉 투자자들의 돈은 눈먼 돈이 되는 겁니다.

바이오 키우는 벤처 생태계

물론 이러한 펀딩 문화에 부작용만 있는 것은 아닙니다. 더 큰 이익을 위해 위험을 추구하는 투자자들 덕분에 성장한 기업들도 있습니다. 빅테크로 불리는 애플, 알파벳, 아마존, 메타 등은 모두 초기에 외부 투자를 받았고, 이를 밑거름 삼아 폭발적으로 성장했습니다. 물론 이외에도 다양한 산업에서 적극적인 투자 문화를 바탕으로 성장한 기업들을 찾아볼 수 있습니다.

특히 바이오 섹터는 벤처 생태계 덕분에 성장했다고 해도 과언이 아닙니다. 많은 경우, 바이오 기업들은 구체적인 성과를 내기까지 시간이 상당히 걸립니다. 우선 바이오 기업은 혁신적인 치료법이나 진단 기술, 의료 기기 등을 개발하기 위해 심도 있는 연구를 해야 합니다. 다양한 실험과 시험도 거쳐야 하죠. 또한 바이오 기업들이 개발하는 제품은 인체에 직접 영향을 미치기 때문에, 엄격하고 까다로운 규제와 승인을 거쳐야 합니다. 가령 신약은 미국 식품의약국FDA 등의 규제 기관으로부터 허가받아야 하는데, 이 과정은 세 가지 임상시험 단계를 포함합니다. 몇 년에서 길게는 수십 년까지 걸릴 수 있습니다.

심지어 이렇게 긴 시간을 들이고도 실패할 가능성이 있습니다. 임상실험은 언제나 불확실성을 내포하고 있기 때문입니다. 임상 과정에서 예상치 못한 문제나 부작용이 발생할 수 있죠. 이에 따라 제품의 개발이 지연되거나 중단될 수 있습니다. 혹은 이를 해결하기 위해 추가적인 연구를 해야 합니다.

  어떤 기업도 자금 없이는 성장할 수 없습니다. 성과를 내기 위해서는 돈이 필요하죠. 특히 연구개발과 임상 실험 등으로 큰 비용을 소모하는 바이오 기업은 더욱 그렇습니다. 그럼 아직 실질적으로 돈을 벌지 못하고 있는 바이오 기업들은 어디서 자금을 유치할 수 있을까요? 바로 벤처 생태계를 중심으로 한 펀딩 시장입니다. VC를 비롯한 투자자들은 바이오 기업의 미래에 베팅해 자금을 움직이고, 바이오 기업은 이를 기반으로 성장합니다.

17
섹터, 그 이상의 존재 애플

평범한 시작과 특별한 성장

애플의 역사에 대해 이야기하려면 스티브 잡스를 빼놓을 수 없습니다. 스티브 잡스는 매킨토시 등을 통해 개인용 컴퓨터PC 혁명을 이끈 인물로 유명합니다. 4차 산업혁명의 핵심이 컴퓨터의 발전과 활용이라는 점을 감안하면 이 변화를 주도한 사람이 스티브 잡스라고 해도 과언이 아닙니다. 그는 아이폰의 창시자이기도 합니다. 아이폰은 스마트폰 시대를 열었다는 평가를 받고 있으니, 그는 적어도 두 번은 세상을 바꾼 셈입니다.

애플은 1976년 여느 IT 기업처럼 창고에서 시작됐습니다. 대학교를 중퇴한 스티브 잡스는 컴퓨터 제조 동호회에서 만난 스티브 워즈니악과 의기투합해 애플을 설립했습니다. 기술자인 스티브 워즈니악이 컴퓨터를 만들고, 스티브 잡스가 이를 마케팅해 판매하는 식으로 협업이 이뤄졌습니다. 처음에는 대부분의 후발주자처럼 가격 대비 성능이 높은 제품을 통해 시장에 침투하는 전략을 펼쳤습니다. 그러나 애플이 제품에 혁신을 담기 시작하면서 모든 것이 달라졌습니다.

가장 대표적인 건 역시 아이폰입니다. 2007년 1월, 검은색 터틀넥 니트를 입은 남자는 무대에 올라와 '혁신'을 예고했습니다. 그는 "오늘 혁신적인 제품을 3가지 선보이겠다."라고 말했죠. 터치 기능이 포함된 아이팟과 휴대전화, 그리고 인터넷 통신기기. 당시에도 이미 널리 쓰이던 기기들입니다. 그러나 스티브 잡스는 이 3가지 기기가 별개의 제품이 아니라고 설명했습니다. 그는 "모든 것이 통합된 이 새로운 제품의 이름을 '아이폰'이라 할 것"이라고 말하며 제품을 공개했습니다. 그리고 약 6개월 뒤인 6월 29일, 아이폰이 출시됐습니다. 스마트폰 시대가 시작된 순간이었죠.

그러나 진정한 혁신은 단순한 하드웨어가 아니라 소프트웨어에서 시작됐습니다. 아이폰 출시 1년 뒤인 2008년 앱스토어가 세상에 나온 겁니다. 지금에야 앱스토어를 모르는 사람이 없을 정도지만, 출시 당시에는 앱스토어가 무엇인지 제대로 이해하는 사람은 드물었습니다. 휴대전화에 들어갈 프로그램을 제조사가 아닌 외부 개발사들이 만들어 시장에 내놓는다는 개념 자체가 생소했기 때문입니다. 이용자들 역시 기존에 설치되어 있지 않은 프로그램을 앱스토어에서 다운로드한다는 개념을 잘 이해하지 못했습니다. 하지만 엄청난 파급력을 지닌 앱이 세계 곳곳에서 등장하면서 사람들은 비로소 새로운 시대가 시작됐다는 것을 깨달았습니다. 아이폰 출시 당시 태어난 세대는 이제 스마트폰이 없는 삶을 상상하지도 못하게 됐죠.

3조 달러 가치의 기업

혁신은 돈이 됩니다. 이것은 시장의 명확한 명제입니다. 변화를 이끄는 기업은 투자자들의 이목을 끌기 마련이고, 이는 기업의 가치를 높입니다. 대표적인 사례가 애플이죠. 2007년 1월, 스티브 잡스가 아이폰을 처음으로 공개한 뒤 애플의 주가는 무려 5,000%가 넘게 상승했습니다. 같은 기간 주요 지수의 상승률을 아득하게 웃도는 수준입니다.

그리고 현재, 애플은 하나의 섹터보다도 큰 몸집을 지니고 있습니다. 지난 2022년에는 새로운 이정표를 쓰기도 했죠. 그해 1월 애플은 세계 최초로 시가총액 3조 달러를 돌파했습니다. 장중 기록이기는 하지만 역사에 한 획을 그은 사건이라 해도 부족함이 없습니다. 3조 달러라는 시장 가치는 전 세계 국가별 국내총생산GDP 순위로 따졌을 때 세계 8위에 해당하는 엄청난 규모입니다. 2021년 기준 세계 10위를 기록한 한국의 GDP는 1조 9,100억 달러 수준이었으니, 애플이라는 하나의 기업이 그야말로 국가 규모에 육박하는 가치를 지닌 셈입니다.

눈여겨볼 점은 또 있습니다. 애플이 시가총액 3조 달러를 돌파한 속도입니다. 애플은 2020년 8월 시가총액 2조 달러를 달성했습니다. 즉 1년 4개월 만에 폭발적으로 성장한 거죠. 이 시기에 유동성이 풍부하게 공급됐었다는 점을 감안해도 엄청난 속도입니다. 심지어 기술을 내세운 다른 혁신 기업들과 비교해도 압도적입니다.

애플의 질주를 견인한 것은 투자자들의 확신입니다. 애플이 앞으로도 시장을 개척하고 혁신을 이끌 것이라는 기대가 기업 가치에 반영된 겁니다. 이러한 신뢰는 애플이 지금까지 보여온 성과를 기반으로 합니다. 흔히 기업의 몸집이 커지면 혁신은커녕 변화를 추구하기도 어렵다는 것을 감안하면, 애플이 얼마나 특별한 기업인지 짐작할 수 있습니다. 최근 월스트리트에서 애플은 성장주가 아니라 가치주로 분류된다는 점을 고려하면 더욱 그렇습니다.

실제 애플은 기술이 이끄는 시대의 변화에도 잘 대응하고 있다는 평가를 받고 있습니다. 흔히 안정성이라고 불리는 토대를 단단히 다지는 것과 동시에 끊임없이 도전을 이어가고 있죠. 구체적으로 하드웨어와 소프트웨어, 두 개의 축으로 사업을 영위하면서 소비 트렌드 변화에 맞춰 새로운 제품과 서비스를 내놓고 있습니다. 동시에 애플은 신시장 개척에도 적극적입니다. 이러한 요소들은 애플이 지속 가능한 성장성을 갖췄다는 평가를 듣는 이유이기도 합니다.

섹터 이상의 영향력을 지닌 기업

애플이 하나의 섹터만큼의 중요성을 띠는 것은 단순히 시가총액 때문만은 아닙니다. 애플은 하드웨어에서 시작해 소프트웨어로 뿌리를 뻗었습니다. 또한 전자제품 시장을 넘어서 다양한 산업에도 애플만의 혁신을 일으키고 있죠. 애플이라는 하나의 기업이 미국 증권시장에 미치는 영향력이 그만큼 막대해진 겁니다.

애플은 다양한 구독 서비스를 내놓으며 엔터테인먼트 산업에 침투했습니다. 대표적인 것이 온라인 스트리밍 플랫폼 애플TV+입니다. 아직 경쟁 플랫폼에 비하면 규모가 작지만, 애플은 애플 기기 사용자를 위주로 신규 가입자를 끌어들이고 있습니다. 또한 막대한 자금력을 기반으로 적극적인 투자에도 나서고 있습니다. 주요 외신에 따르면, 애플은 영화 제작에 매년 10억 달러를 투자할 계획입니다. 애플 생태계가 가진 락인 효과를 고려하면, 애플은 향후 엔터테인먼트 경쟁에서도 유리한 위치를 점할 것으로 예상됩니다.

또한 애플카도 빼놓을 수 없습니다. 애플카는 애플이 2026년 공개할 것으로 예상되는 자율주행 전기차입니다. 애플은 아직 이에 대해 공식적으로 언급한 바 없지만, 애플카에 대한 시장의 관심은 사그라지지 않고 있습니다. 새로운 혁신에 대한 기대감 때문입니다. 만약 애플이 자동차 산업에서도 확고한 입지를 다질 수 있다면, 애플이 갖는 영향력은 더욱 커질 전망입니다.

2장

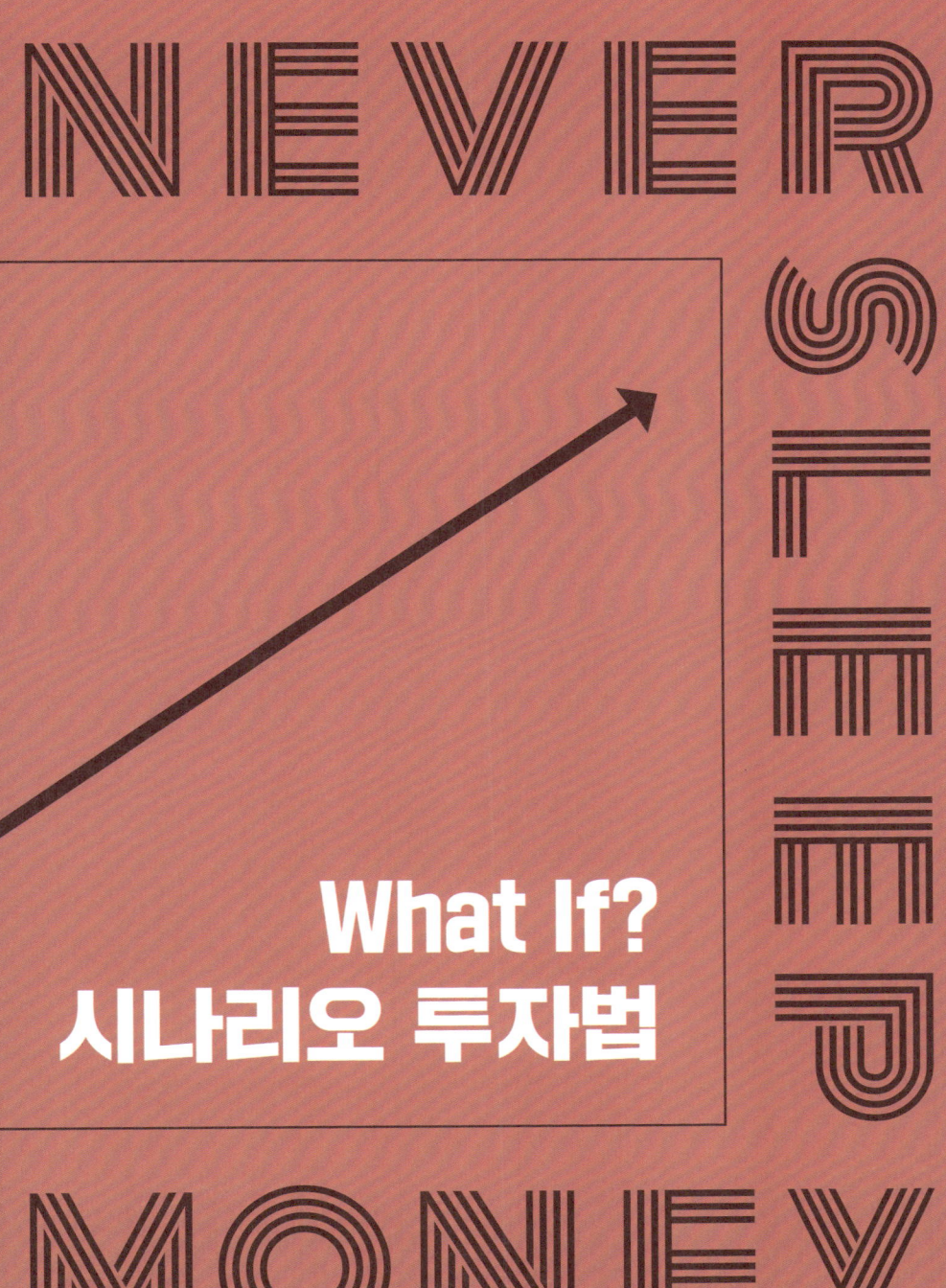

01
미국에서 허리케인이 불었다면?

허리케인 → 인프라 파괴 → 건자재 수요 증가 → 피해 복구

🌸 **핵심 요약**

강력한 허리케인은 미국의 인프라를 파괴한다. 빈번하게 발생하는 이 재난 뒤에 미국 정부와 기업은 인프라를 수리하고 다시 구축하기 위해 대규모로 건자재를 소비하게 된다.

- 그로우제너레이션
- 레슬리즈
- 홈디포
- 로우스
- 제네락 홀딩스

연간 10개의 허리케인

허리케인은 우리말로 싹쓸바람이라고 부릅니다. 지상의 모든 것을 싹쓸어간다는 의미를 담고 있습니다. 북대서양, 카리브해, 멕시코만, 태평양 북동부에서 발생하는 열대저기압 허리케인은 연간 10개 정도 출현하고 있습니다. 8월부터 10월 사이에 자주 나타납니다. 허리케인은 중심부인 '눈' 주변에 강력한 바람과 폭우를 동반한 회오리바람을 형성합니다. 대부분 소형이지만, 대형 허리케인은 태풍에 필적합니다. 이 대형 허리케인이 멕시코만 연안에 상륙할 때는 매우 큰 피해를 줍니다.

미국에서는 특히 남부와 동부 해안 지역이 허리케인의 피해를 가장 많이 입습니다. 2022년 9월 역대급 허리케인인 이안Ian이 미국 플로리다를 강타했습니다. 152명이 사망했고, 1,129억 달러 상당의 손실이 발생했습니다. 영국의 크리스천에이드Christian Aid는 2022년 최악의 재난 중 하나로 이안을 꼽기도 했습니다. 이안은 최고 시속 155마일(250km) 상당의 강풍을 동반한 허리케인이었습니다. 허리케인 강도는 1등급부터 5등급으로 나뉘는데, 이안은 4등급에 해당했습니다.

허리케인은 여러 산업에 다양한 방식으로 영향을 미칩니다. 농작물을 망치거나 석유 및 가스 시설 등 인프라를 파괴합니다. 또 그 피해로 인해 보험회사는 큰 보상 청구를 받을 수 있죠. 특히 건설업에 미치는 영향은 상당합니다.

건자재·인테리어 1위 홈디포

허리케인은 지상의 건물과 인프라를 파괴합니다. 필연적으로 우리는 피해를 복구해야만 합니다. 허리케인이 닥치면 주택 건자재와 인테리어 종목이 주목받게 되는 것입니다. 그로우제너레이션, 레슬리즈, 홈디포, 로우스 등이 이에 해당합니다.

  홈디포는 건자재·인테리어 업계 1위 기업입니다. 이 미국의 기업은 미국과 캐나다, 멕시코 등에서 2,300개가 넘는 오프라인 매장을 운영하고 있습니다. 온라인으로 제품을 주문하고 오프라인으로 픽업할 수도 있습니다. 넓은 영업 네트워크를 구축하고 있으므로 허리케인 재건 과정에서 사람들은 필요한 용품과 자재를 구매하기 위해 홈디포를 방문하게 됩니다.

비상 발전기 1위 제네락 홀딩스

허리케인 때문에 인프라는 망가지게 됩니다. 전기를 쓸 수 없는 정전 사태는 자연재해 때문에 빈번히 일어납니다. 이 때문에 미국의 비상용 발전기 제조업계의 1위 기업인 제네락 홀딩스는 자연재해 발생 시 주목할 수밖에 없는 종목입니다.

  제네락 홀딩스는 이 시장에서 독보적인 시장 지위를 점하고 있습니다. 미국 내 가정용 발전기 시장 점유율은 약 75%로 알려져 있습니다. 또 이 기업은 상업용과 산업용 발전기도 만들고 있어 매출 포트폴리오도 상당히 잘 구축해 두고 있습니다.

  2012년 허리케인 샌디가 미국 북동부를 강타한 적이 있습니다. 제네락 홀딩스의 2012년 매출은 전년 대비 무려 2배나 급증했습니다. 2021년 미국 텍사스 한파 여파로 대규모 정전이 발생했을 때도 당해 매출은 전년 대비 50% 성장하였습니다.

02
러시아가 천연가스 수출을 막는다면?

천연가스 수출 감소 → 글로벌 가격 상승
→ 미국산 천연가스 기업 수혜

핵심 요약

대표 천연가스 수출국인 러시아가 지정학적 이슈로 수출을 줄이면, 즉각 글로벌 천연가스 가격은 상승한다. 이 수혜는 아이러니하게도 러시아의 적대국인 미국 기업들이 입는다. 미국도 대표적인 천연가스 생산국이기 때문이다.

- 셰니어에너지 파트너스 LP
- 트랜스캐나다
- 킨더모건
- 엔브리지
- 엔터프라이즈 프로젝트
- 선노바에너지
- 선런
- 엔페이즈 에너지

러시아의 무기 중 하나인 천연가스

천연가스는 세계 여러 곳에 매장되어 있습니다. 주요 생산국에는 미국, 러시아, 이란, 중국, 카타르, 캐나다, 호주, 사우디아라비아 등이 포함됩니다. 그리고 상위 10개국의 생산 점유율은 70%가 넘습니다. 천연가스를 생산하지 못하는 국가는 이들 상위 10개국에 의존해야 한다는 의미입니다.

유럽은 러시아의 천연가스 공급에 상당히 의존하고 있습니다. 지리적으로 수입하기 가장 편하기 때문입니다. 그러나 2022년 러시아-우크라이나 전쟁이 발발한 이후 러시아가 유럽에 대한 천연가스 공급을 통제하기 시작하자 유럽은 에너지 위기에 처하게 되었습니다.

유럽은 러시아에 대한 의존도를 낮추기 위해 노력할 수밖에 없었습니다. 그리고 미국의 기업들은 유럽의 천연가스 수요 확대에 발 빠르게 대응했습니다. 유럽에 천연가스를 공급하기 위한 송유관 건설 작업을 시작한 것입니다. 이 송유관 건설 작업에 빠르게 나선 기업 중 하나는 넥스트라 에너지입니다. 이 기업은 에퀴트랜스 미드스트림과 알타가스, RGC 리소스 등과 협력해 마운트밸리 송유관 건설을 진행했습니다.

미국 가스 수출을 주도하는 셰니어에너지

미국 최고의 천연가스 수출업체로는 셰니어에너지가 꼽힙니다. 이 기업은 천연가스 밸류 체인 전반에서 사업을 영위합니다. 미국 최대 천연가스 터미널을 운영하면서 수출 대부분을 주도하고 있습니다. 천연가스를 직접 생산하고, 액화 처리까지 합니다. 천연가스 사업에 집중하고 있는 전문 기업인 것입니다.

다만 유럽 일각에서는 미국 기업의 이러한 움직임을 부정적으로 보고 있기도 합니다. 프랑스 등 일부 유럽 국가들은 송유관 건설이 설치 비용도 비싸고 기간도 오래 걸리기 때문에 비효율적이라고 보고 있습니다. 또한 건설 과정 중 생태계가 파괴되는 부정적 외부 효과도 나타날 수 있습니다.

더 빨라지는 친환경 발전

에너지 위기 상황이 반복되면서 유럽은 스스로 에너지를 생산하는 데 힘을 쏟을 수밖에 없습니다. 그리고 친환경 에너지는 명분과 실리 모두가 있는 선택지입니다. 친환경 에너지 중 각광을 받고 있는 건 태양광입니다. 다른 신재생 에너지보다 단가가 저렴하고 설치 기간이 짧습니다. 천연가스 부족 상황에서 그 가치가 더 주목받게 됐습니다.

03
슈퍼볼이 흥행할 것 같다면?

슈퍼볼 흥행 전망 → 스포츠 도박 증가 → 데이터 기업 매출 향상

> **핵심 요약**
>
> 세계 최대의 게임 슈퍼볼은 미국인들에게 가장 큰 스포츠 이벤트다. 그리고 이에 대한 합법적 도박 시장이 존재한다. 도박에 관심이 있는 수많은 팬들은 관련 데이터를 찾게 된다.

- 스포츠레이더 그룹
- 인터내셔널 게임 테크놀로지
- 보이드 게이밍

세계 최대 스포츠 경기

슈퍼볼Super Bowl이란 미국프로풋볼NFL 결승전을 말합니다. 미국 프로 미식축구에 NFL National Football League과 AFL American Football League의 우승팀끼리 겨루는 챔피언 결정전입니다. 이 슈퍼볼은 전 세계에서 가장 큰 규모의 단일 스포츠 경기이기도 합니다. 미국의 대표적인 스포츠 축제이기도 하죠. 경기의 중간 휴식 시간에는 '하프타임 쇼'라는 대규모 공연이 열리기도 합니다. 그리고 이 공연에는 세계적으로 유명한 가수와 밴드가 출연합니다. 또 슈퍼볼 주말은 미국 전역에서 다양한 파티와 행사가 열리는 시기입니다. 많은 사람들이 음식을 준비하고, 친구와 가족을 초대해 경기를 함께 시청하죠. 이런 모습은 슈퍼볼이 미국의 스포츠, 문화, 그리고 사회생활에 얼마나 깊숙이 뿌리내리고 있는지 보여줍니다.

슈퍼볼에 대한 미국 국민의 관심은 엄청납니다. 덕분에 활기를 띠는 또 다른 분야가 있습니다. 스포츠 도박입니다. 미국은 스포츠 도박이 합법인 만큼 슈퍼볼 시즌에 많은 팬이 이 베팅에 참여합니다. 2023년 2월 7일 미국게임협회AGA가 제공한 자료에 따르면, NFL 팬들 중 3분의 1 이상은 스포츠 도박이 경기를 보는 것을 더 즐겁게 한다고 답했습니다. AGA의 밥 밀러 CEO는 "매년 슈퍼볼은 합법적인 스포츠 도박의 이점을 강조하는 역할을 한다."라고 밝혔습니다. 그는 "사람들이 규제된 시장의 보호가 있는 환경에서 베팅을 할 수 있으며, 이를 통해 정부는 더 많은 세금을 거둘 수 있다."라고 전했습니다.

흥미로운 베팅 방식도 있습니다. '프로포지션 베팅' 혹은 '프롭 베팅'이라고 불리는 것이죠. 프롭 베팅은 경기의 승패 점수와 같은 기본적인 요소 외 경기와 관련된 다양한 요소에 베팅하는 것을 의미합니다. 예를 들어 어떤 팀이 먼저 공격을 시작할지, 어떤 색의 음료가 우승팀의 코치에게 쏟아질지 등에 대해 베팅할 수 있습니다.

데이터를 제공하는 스포츠레이더

2023년 슈퍼볼은 역대급 관심을 끌었습니다. 팬데믹 시대가 막을 내리자 사람들은 스포츠에 더욱 열광했습니다. 베팅 금액 역시 막대했습니다.

스포츠레이더 그룹은 스포츠 데이터를 분석하고 이와 관련된 분석 툴을 제공하는 기업입니다. 스포츠 연맹과 미디어, 베팅 사업자 등에게 스포츠 데이터와 관련된 B2B 솔루션을 제공하고 있습니다. 스포츠레이더 그룹은 NBA, NHL, MLB 등 스포츠 리그들과 계약을 통해 데이터 분석 툴을 공급합니다. 드래프트 킹스, 팬듀얼, 베트MGM 등과 같은 스포츠 북(스포츠 도박 웹사이트) 운영자들에게도 데이터를 제공합니다. 또 슈퍼볼 중계권을 보유한 수백 곳의 방송과 디지털 미디어 회사에도 스포츠 점수와 통계, 그리고 데이터를 판매하고 있습니다.

04
비료가 부족해진다면?

러시아-우크라이나 전쟁 → 비료 공급망 타격
→ 비료 가격 상승 → 캐나다 기업 수혜

핵심 요약

세계 최대 비료 수출국인 러시아가 서방의 경제제재에 대한 보복으로 비료 수출을 금지한다. 비료는 당장에 필요하므로 가격이 급격히 반응한다. 지정학적 리스크에 상대적으로 자유로운 캐나다의 비료 기업이 그 수혜를 보게 된다. 세계 최대 비료 수출국인 러시아가 서방의 경제제재에 대한 보복으로 비료 수출을 금지한다. 비료는 당장에 필요하므로 가격이 급격히 반응한다. 지정학적 리스크에 상대적으로 자유로운 캐나다의 비료 기업이 그 수혜를 보게 된다.

- 뉴트리엔
- 모자이크
- 차이나 그린 애그리컬쳐
- CF 인더스트리스 홀딩스
- 이스라엘 케미컬스

천연가스가 오르면 비료값도 오른다

2023년 1월 뱅크오브아메리카는 사우디아라비아의 비료 회사인 사빅 애그리 뉴트리언트에 대해 긍정적인 투자 의견을 냈습니다. 비료를 생산하는 기업의 이익과 직결되는 비료 가격이 2023년에도 상승할 것이란 이유 때문이었죠. 이 논리는 물론 다른 비료 기업에도 똑같이 적용됩니다.

그렇다면 2023년 비료 가격은 왜 상승하게 되었을까요? 가장 큰 요인은 러시아-우크라이나 전쟁입니다. 러시아는 세계 최대의 비료 수출 국가입니다. 전쟁이 일어나고 지정학적 긴장감이 고조되자 러시아는 서방의 경제제재에 대한 보복 조치로 비료 수출을 금지했습니다. 그리고 이는 비료 가격 폭등으로 이어졌습니다. 수출 전문 리서치 기업 월드탑익스포츠World's Top Exports에 따르면, 러시아는 전 세계 비료 수출의 15.1%(2021년 기준)을 담당했습니다. 그 뒤를 중국과 캐나다, 모로코, 미국, 사우디아라비아 등이 잇고 있습니다.

또 다른 비료 가격 상승 원인이 있습니다. 천연가스 가격 상승입니다. 이 역시 러시아의 공급 통제로 인한 결과였습니다. 천연가스에서 추출되는 암모니아 질소는 비료의 주된 원료입니다. 천연가스 가격이 오르면 비료 가격도 오르는 구조이죠.

전쟁에서 떨어져 있는 뉴트리엔

캐나다 기업인 뉴트리엔은 비료 업계 최강자 중 하나입니다. 이 캐나다 기업은 비료의 3요소인 질소, 칼륨, 인산염을 모두 생산하고 있습니다. 특히 직접 소유한 광산을 통해 칼륨을 매우 안정적으로 확보하고 있습니다. 이 기업은 암모니아 연료 사업에도 뛰어들기도 했습니다.

뉴트리엔은 러시아-우크라이나 전쟁의 최대 수혜를 볼 수 있는 위치에 있습니다. 일단 본사가 캐나다이므로 지정학적 리스크가 상대적으로 낮습니다. 게다가 뉴트리엔의 경쟁 기업들은 천연가스 가격 급등 탓에 생산에 어려움을 겪었지만, 북미의 천연가스 수급은 안정적이었습니다.

전쟁이 진행되던 2022년 3분기 뉴트리엔은 81억 8,800만 달러의 매출을 기록했습니다. 이는 전년 동기 대비 36%나 증가한 규모입니다. 3분기 순이익 역시 전년 동기 대비 118%나 증가한 15억 8,300만 달러를 기록했습니다.

[05
감자튀김을 더 많이 먹는다면?]

물가 상승 → QSR·간편식품 인기 → 감자튀김 수요 증가

> 🌸 **핵심 요약**
>
> 물가가 오르면 소비자들은 싼 가격의 음식을 찾는다. 패스트푸드와 간편식품이 대표적이다. 그리고 이 두 카테고리에 가장 많이 쓰이는 원재료는 감자다.

- 램 웨스턴
- 콘아그라 브랜즈
- 제너럴 밀즈
- 호멜 푸즈

미국의 김치, 감자튀김

감자가 엄청난 역사를 지니고 있다는 사실을 알고 있나요? 감자는 약 8,000년에서 1만 년 전에 남미의 안데스 지역에서 처음 재배되기 시작했습니다. 이 지역 원주민들은 감자를 주요 식량으로 삼았죠. 16세기 스페인의 정복자들은 남미를 탐험하면서 처음으로 감자를 접했습니다. 그들은 감자를 유럽으로 가져왔습니다. 재배가 쉽고 다양한 토질에서 성장할 수 있는 감자는 유럽의 많은 국가에서 기아를 줄이고 인구를 늘리는 데 큰 역할을 했습니다. 그러나 19세기 중반 아일랜드에서 발생한 대규모 감자 흑점병으로 인해 인구의 약 4분의 1이 기아로 사망하거나 이민을 가는 비극적인 사건이 일어났습니다. 감자에 대한 과도한 의존의 위험성이 드러난 거죠. 미국에 감자가 전파된 것은 20세기입니다. 미국에서도 감자는 주요 식량으로 자리를 잡게 되었습니다.

미국을 포함한 서구 문화권에서 감자는 일상적으로 즐겨 먹는 음식입니다. 특히 감자튀김은 대표적인 사이드 메뉴이죠. 한국에서 배추 등의 가격이 올라 김치가 '금치'가 되어도 수요가 견조하게 유지되는 것처럼 감자튀김 역시 물가가 오르더라도 사람들이 꾸준히 찾는 식품입니다.

이 시장은 꾸준히 성장하고 있습니다. 2022년 3월 발간된 인사이트 파트너스The Insight Partners의 자료에 따르면, 2021년 냉동 감자 시장의 규모는 627억 5,312만 달러였습니다. 그리고 이 시장의 규모는 2028

년 838억 8,918만 달러까지 성장할 전망입니다. 이 기간 기대되는 연평균성장률CAGR은 4.2%입니다.

이 감자튀김 시장을 견인하는 두 요소는 퀵서비스 레스토랑QSR과 간편식품Convenience food입니다.

QSR에는 맥도날드와 서브웨이, KFC, 버거킹, 도미노피자 등이 있습니다. 이들은 모두 감자 메뉴를 제공하고 있습니다. 물가가 계속 오르면 사람들은 저렴한 식품을 찾기 마련입니다. QSR은 이런 환경에서 수혜를 받을 수 있죠. 높은 비용을 감당해야 하는 풀서비스 레스토랑Full-service restaurants은 반대로 불황 때문에 큰 타격을 받을 수 있습니다.

간편식품에 대한 수요도 꾸준합니다. 대외 활동이 어렵고 격리 기간을 보내야 했던 팬데믹 기간에 간편식품 산업은 빠르게 성장했습니다. 그리고 식품 기업들은 이 기간 저렴하지만 품질 좋은 식품을 개발하는 데 집중했습니다. 그 결과 간편식품은 고물가 환경에서 비용을 절약할 수 있는 하나의 대안으로 확고히 자리를 잡게 됐습니다.

감자튀김 최강자 램 웨스턴

대중에게 잘 알려지지 않은 기업이지만 램 웨스턴은 업계에서 매우 유명합니다. 맥도날드의 감자튀김을 제공하는 곳이 바로 램 웨스턴이기 때문입니다. 감자는 이 기업에 있어 가장 중요한 원재료입니다. 2023

년 1월 분기 실적 발표 당시 램 웨스턴의 톰 베르너 CEO는 "더 높아진 비용과 감자 가격에 대응하기 위한 제품 가격 조정(인상)이 하반기에 우리의 재무적 성과를 견인할 것으로 기대한다."라고 언급하기도 했죠. 램 웨스턴은 시장의 전반적인 물가가 올라도 이를 가격에 전가할 위치에 있는데요. 이 오래된 기업은 탄탄한 B2B와 B2C 네트워크를 기반으로 상당한 가격 협상력을 보유하고 있습니다.

냉동 감자 분야에서 독보적인 위치를 점하고 있는 램 웨스턴은 다양한 카테고리의 감자 제품을 만듭니다. 오븐·그릴·프라이드 등 조리 방식, 껍질의 유무, 맛의 종류, 사이즈 등 다양한 요구 조건에 맞춰진 생산 시설을 갖추고 있습니다. 코셔Kosher와 할랄Halal용 감자 제품도 있습니다. 코셔는 전통적인 유대교의 율법에 따라 식재료를 선택하고 조리한 음식을, 할랄은 이슬람 율법에 따라 생산되어 이슬람교도가 섭취 가능한 음식을 각각 의미합니다. 또 램 웨스턴은 10여 개의 자체 브랜드도 보유하고 있습니다.

06
운동이 일상이 된다면?

운동용품을 필수품으로 인식 → 용품 매출 증가 → 실적 안정성 향상

> 🔴 **핵심 요약**
>
> 운동이 선택이 아닌 필수 액티비티로 자리 잡는다. 스마트폰을 당연스럽게 구매하듯 사람들은 어느 정도 기본적인 운동용품을 구비해 둔다. 운동용품 유통 기업들의 매출 하한선이 올라가게 된다.

- 아카데미 스포츠 앤 아웃도어스
- 히벳
- 딕스 스포팅 굿즈
- 플래닛 피트니스
- 룰루레몬 애슬레티카
- 나이키
- 풋락커

헬스장으로 향하는 사람들

코로나19가 전 세계를 휩쓸면서 사람들은 운동에 갈증을 느꼈습니다. 팬데믹 기간 헬스장이 문을 닫자 사람들은 집에서 운동할 수 있는 다른 방법을 찾아야 했습니다. 온라인 운동 동영상과 스트리밍 피트니스 프로그램, 가정용 운동기구를 이용하기도 했죠. 덕분에 홈 트레이닝 강의 서비스를 제공하고 운동기구를 판매하는 펠로톤과 같은 기업들은 반짝 수혜를 입기도 했습니다. 또 홀로 야외에서 즐길 수 있는 걷기와 달리기, 자전거 타기와 같은 운동의 인기가 더 늘었습니다. 특별한 장비가 필요하지 않은 맨몸 운동과 요가, 매트 필라테스 등의 홈트레이닝 루틴도 늘어나게 됐죠. 사람들은 팬데믹 덕분에 더 다양한 운동 방식을 경험하게 된 것입니다. 그리고 팬데믹이 지난 뒤에도 사람들은 이런 운동을 즐기게 되었습니다.

미국에서 프랜차이즈 피트니스센터를 운영하는 플래닛 피트니스의 회원은 팬데믹이 끝나가자 급증했습니다. 플래닛 피트니스는 2022년 말 기준 전년 대비 180만 명이나 증가한 1,700만 명의 회원 수를 기록했습니다. 같은 기간 매출도 크게 증가했습니다. 2022년 4분기 매출은 전년 동기 대비 53.2% 증가한 2억 8,130만 달러였습니다.

2023년 3월 뱅크오브아메리카는 플래닛 피트니스의 목표주가를 100달러로 제시했습니다. 이 투자은행의 로버트 옴스 애널리스트는 "올해 이 (피트니스 관련) 기업들은 더 좋은 성적을 거둘 수 있을 것"

이라고 전했습니다. 2022년 8월 시장조사업체 그레이뷰스GreyViews가 발표한 자료에 따르면, 2021년 전 세계 스포츠 용품 시장의 규모는 3,299억 달러 수준이었습니다. 그리고 이 시장은 2029년까지 5,626억 달러 규모로 성장할 전망입니다. 2022년부터 2029년까지 연평균성장률CAGR은 6.90%에 달할 것으로 보입니다. 스포츠 용품 산업이 오랜 역사를 지니고 있다는 점을 고려하면, 상당히 높은 CAGR입니다.

글로벌 3위 전문 소매업체

딕스 스포팅 굿즈는 장비, 의류, 신발, 액세서리 등 스포츠와 관련된 모든 제품을 판매하는 전문 소매업체입니다. 전 세계에서 세 번째로 큰 규모를 자랑합니다. 이 기업은 높은 물가 상승률이 기록됐던 2022년에 좋은 퍼포먼스를 보였습니다. 2022년 4분기 매출은 전년 동기 대비 7.3% 증가한 35억 9,700만 달러였습니다. 이는 레피니티브가 집계한 예상치인 34억 5,000만 달러를 상회했습니다. 특히 딕스 스포팅 굿즈의 동일 점포 매출은 시장 예상치(2.10% 성장)를 크게 웃돌았습니다. 4분기 동일 점포 매출은 5.30% 상승했습니다. 높은 인플레이션과 불안정한 거시 경제 상황 속에서도 소비자들이 스포츠 용품을 지속적으로 구매했다는 이야기입니다.

딕스 스포팅 굿즈의 CEO 코멘트를 눈여겨볼 필요가 있습니다. 로렌

호바트 CEO는 실적 발표 당시 "소비자들의 행동 변화를 목격했다."라며 "소비자들이 팬데믹 이전보다 피트니스를 더 우선시하고 있다."라고 밝혔습니다. 그는 "이제 소비자들은 스포츠와 피트니스 제품을 필수품으로 보기 시작했다."라고 설명했습니다.

 소비재는 크게 필수 소비재와 임의 소비재로 나눌 수 있습니다. 필수 소비재는 소비자의 재정 상태에 덜 민감하면서 필수적으로 구매할 수밖에 없는 소비재를 의미합니다. 반대로 임의 소비재는 상대적으로 덜 필수적이며, 재정 상태에 따라 소비 패턴의 변동이 심한 소비재입니다. 제품은 이 두 종류 사이에 존재합니다. 필수 소비재적인 성격이 강할수록 더 안정적인 판매가 이뤄진다고 해석할 수 있습니다.

07
마블 영화가 재미없어진다면?

콘텐츠 경쟁 심화 → 팬덤 IP 경쟁력 증대 → 스테디셀러

> **핵심 요약**
>
> 영상 콘텐츠가 범람하게 되면, 콘텐츠 기업들은 실패하지 않을 IP에 더 의존하게 된다. 새로운 시도의 성공 확률이 떨어지기 때문이다. 즉, 탁월한 IP를 보유한 기업은 더 강한 경쟁력을 갖추게 된다.

- 월트 디즈니
- 넷플릭스
- 소니 그룹
- 워너 브로스 디스커버리
- 파라마운트 글로벌

콘텐츠의 바다

"봐야 할 콘텐츠는 많고 시간은 없습니다."

엔터테인먼트 소비자들 사이에서 많이 공유되는 말입니다. 말 그대로 하루에도 수많은 콘텐츠가 쏟아지듯 출시되고 있습니다. 이런 상황 속에서 긴 분량을 압축 요약해 전달하는 '서머리 콘텐츠Summary content'의 인기도 높아지고 있습니다. 영화와 시리즈를 짧게 요약해 주는 유튜브 채널들의 덩치는 빠르게 커지고 있습니다. 그리고 이러한 채널들에 디즈니 플러스나 넷플릭스와 같은 거대 기업이 광고를 맡기는 현상마저도 일어나고 있죠. 배속재생 기능을 이용해 콘텐츠를 폭식하듯 몰아서 보는 '빈지뷰잉' 문화도 확산되었습니다. 미디어 소비 트렌드에서 드러나듯 콘텐츠 시장은 현재 포화 상태라고 표현해도 과언이 아닙니다. 이를 생산하는 기업 간 경쟁도 치열합니다.

경쟁이 어느 정도로 치열한지는 박스오피스 점유율만 봐도 알 수 있습니다. 스태티스타가 2022년 1월 발표한 자료에 따르면, 2021년 미디어 '빅 5'라 불리는 기업들의 북미 박스오피스 매출 점유율은 월트 디즈니(25.5%), 소니그룹(23.1%), 유니버설(15.6%), 워너 브로스 디스커버리(14.5%), 파라마운트 글로벌(6.07%) 순입니다. 압도적인 시장 점유율을 보이는 기업은 없습니다. 2010년부터 2021년까지 점유율 1위 기업도 자주 바뀌었습니다. 대체로 월트 디즈니가 우세했지만, 5개 기업 모두 이 기간에 적어도 한 차례 이상씩은 1위를 차지했습니다.

경쟁이 과할수록 콘텐츠 기업들은 이미 팬층이 확고한 콘텐츠 IP Intellectual Property를 많이 보유하고자 합니다. 이는 곧 매출의 하한선이 높아짐을 의미하기 때문입니다. 새로운 콘텐츠가 소위 대박을 터뜨리기 어려운 만큼 스테디셀러의 중요성이 큰 것입니다. 이 전략의 대표적인 성공 사례가 월트 디즈니의 마블 시네마틱 유니버스입니다. 월트 디즈니는 탄탄한 세계관을 기반으로 챙겨봐야만 하는 마블 영화를 만들게 되었습니다. 이 기업은 이를 토대로 영화 역사상 역대급 매출을 올리는 것은 물론 캐릭터 굿즈 및 게임 등 OSMU One Source Multi Use 전략에도 적극적으로 나설 수 있었습니다.

제2의 디즈니 꿈꾸는 워너 브로스 디스커버리

워너 브로스 디스커버리는 글로벌 미디어·엔터테인먼트 기업입니다. 영화, TV, 스트리밍 분야를 가리지 않고 다방면으로 포트폴리오를 구축하고 있습니다. 이 기업은 워너 브로스 영화, 디스커버리, CNN, HBO 등 다양한 채널을 통해 220개국 이상에서 50개 이상의 언어로 콘텐츠를 제공하고 있습니다.

워너 브로스 디스커버리의 2022년 4분기 매출은 110억 800만 달러로, 전년 동기 대비 245.5% 증가했습니다. 그러나 이 상승은 착시효과입니다. 워너 브로스는 2022년 4월 워너 미디어와 디스커버리가 합병해 설립된 기업이기 때문입니다. 즉, 합병 효과로 매출이 전년 대비 껑충 뛴 것으로 보인 것입니다.

우리가 주목해야 할 점은 수치가 아닌 전략입니다. 2022년 4분기 실적 발표 당시 데이비드 자슬라브 CEO는 "2023년 우리는 미래를 위해 사업을 세우고 성장하는 일에 집중할 것"이라고 강조했습니다. 그리고 이 미래의 사업은 DC 코믹스, 해리 포터, 반지의 제왕 등에 달려있습니다. 워너 브로스 디스커버리의 프랜차이즈 IP 전략을 두고 투자은행 니덤의 로라 마틴 애널리스트는 "이 콘텐츠 회사는 제2의 디즈니가 될 수 있을 것"이라고 평가했습니다. 그는 "DC 코믹스 영화들이 마블과 비교해 매출이나 팬덤 측면에서 격차를 좁혀나갈 수 있을지도 지켜봐야 한다."라고 덧붙였습니다.

08
곡물 가격이 오른다면?

전쟁 → 곡물 가격 급등 → 미국 농부 수익 증대 → 농기계 수요 증가

핵심 요약

러시아-우크라이나 전쟁은 곡물 가격 상승을 불러왔다. 우크라이나가 곡창지대 중 하나이기 때문이다. 곡물 가격이 오르게 되면 또 다른 글로벌 곡창지대인 미국의 농부들이 돈을 더 많이 벌게 된다. 농부들은 생산량을 더 늘리기 위해 농기계를 새로 산다.

- 디어 앤 코
- CNH 인더스트리얼
- 애그코

식량 인플레이션

2022년 1월 미국의 계란 가격이 전월 대비 8.5% 급등했습니다. 매우 큰 상승이었습니다. 시리얼과 제빵 제품 등의 가격도 상당히 뛰었습니다. 곡물 가격 상승세는 더 거셌습니다. 러시아-우크라이나 전쟁 때문에 곡물 공급이 줄어들면서 2022년부터 곡물 가격이 들썩였습니다. 2022년 12월 31일 기준 옥수수와 밀 가격은 2021년 1월 1일 대비 약 20%와 40% 이상씩 급등했습니다.

2023년 2월 11일 월스트리트저널에 따르면, ADM과 번지 등 곡물 거래 중개 사업을 영위하는 기업들은 2023년에도 곡물과 식물성 기름, 가축 사료에 대한 수요가 클 것으로 전망했습니다. 번지의 그렉 헤크먼 CEO는 "전 세계적으로 타이트한 곡물 공급량과 강한 수요로 인해 2023년 곡물 시장은 2022년의 시장 환경과 비슷할 것"이라고 내다봤습니다.

식량 인플레이션은 어느 시대에나 있었습니다. 로마 제국 시대에도 곡물 가격 상승에 대한 시민들의 반발이 있었습니다. 이 때문에 빵값이 높아지는 것을 방지하기 위한 여러 정책이 시행됐었죠. 18세기 말 프랑스에서 식량 가격이 급등했는데, 이는 프랑스 혁명의 한 가지 원인이 되었습니다. 이후 1970년대와 2007~2008년에도 전 세계적인 식량 가격 급등이 있었습니다. 이 시기에 여러 국가에서는 식량 인플레이션에 대비하고자 농업 정책을 개편하기도 했습니다.

잘 팔리는 디어

곡물 가격이 급등한다면, 미국의 어떤 기업이 수혜를 볼까요? 미국이란 거대한 곡창지대에서 밭을 일구는 농부입니다. 그리고 이 농부들은 미국 1위 농기계 기업인 디어 앤 코(이하 디어)의 제품을 소비합니다. 디어는 회계연도 2023년 1분기(1월 30일 종료)에 어닝 서프라이즈를 기록했습니다. 해당 분기 실적은 전년 동기 대비 무려 32% 증가한 126억 5,200만 달러를 나타냈습니다. 레피니티브가 집계한 예상치(112억 8,000만 달러)를 상당히 웃도는 수치입니다.

디어가 높은 매출, 그리고 수익성을 달성할 수 있었던 배경에는 강력한 농산물 수요가 있습니다. 농산물 가격이 급등하면서 새 농기계를 구입하거나 업그레이드하려는 농민의 수요가 많아졌기 때문입니다. 그 덕분에 디어는 높은 운송비와 공급망 제약에도 불구하고 자신들의 제품 가격을 인상할 수 있었습니다. 늘어난 비용을 소비자에게 전가한 것입니다.

디어가 오랜 기간 1위 자리에서 버틸 수 있었던 또 다른 이유가 있습니다. 끊임없는 혁신입니다. 디어는 비료 사용량을 50%에서 최대 90%까지 줄일 수 있는 기술을 개발했습니다. '이그젝트 샷'입니다. 디어는 2023년 1월 CES에서 이 기술과 제품을 공개했습니다. 모건스탠리는 이 기술에 대해 "ESG 관련 기술을 개발하는 능력이 디어의 마진을 높일 수 있을 것"이라고 평가했습니다.

09
테디베어가 지겨워졌다면?

물가 인상 → 장난감 수요 감소 → 맞춤형 인형 공급 → 틈새시장 확보

> **핵심 요약**
>
> 물가가 오르면 임의 소비재인 장난감이 덜 팔리게 된다. 그러나 틈새시장은 있기 마련이다. 소비자들의 선택을 받은 일부 기업은 소비 부진 속에서도 힘을 발휘한다.

- 빌드어베어 워크숍
- 해즈브로
- 마텔
- 펀코

장난감이 꼭 필요한가요?

2022년과 2023년 인플레이션 장기화에 대한 우려가 커지자 사람들은 지갑을 닫기 시작했습니다. 이 현상은 2022년 연말에 두드러지게 나타났습니다. 아이들 선물 수요가 커야 하는 이 시즌에 장난감 기업들이 부진한 실적을 기록한 것입니다.

우리가 잘 아는 미국의 대표적인 장난감 기업에는 해즈브로와 마텔이 있습니다. 해즈브로는 2022년 4분기(12월 25일 종료)에 16억 7,900만 달러의 매출을 기록했는데, 이는 전년 동기 대비 17% 하락한 수치입니다. 그나마 이 기업은 시장 예상치에 근접한 매출을 낼 수 있었습니다. 장난감이 아닌 게이밍 사업 덕분입니다. 해즈브로의 게이밍 사업 Wizards of the Coast and Digital Gaming 부문 분기 매출이 전년 대비 22%나 증가한 것입니다. 반면 장난감 판매 매출은 전년 대비 26% 감소했습니다.

장난감 사업 비중이 큰 마텔은 해즈브로보다 더 큰 타격을 받았습니다. 이 기업의 2022년 4분기(12월 31일 종료) 매출은 전년 동기 대비 22% 감소한 14억 200만 달러였습니다. 인플레이션은 장난감 제조 원가를 높였고, 이는 장난감 가격에 반영됐습니다. 그리고 소비자 수요는 위축됐습니다.

해즈브로는 한국의 투자자들이 많이 보유한 상위 종목에 항상 포함됩니다. 오랜 역사와 다양한 브랜드 덕분에 그 인지도가 높은 덕분입니다. 해즈브로의 시작은 무려 1923년으로 거슬러 올라갑니다. 유대계 폴란드 이민자인 허먼, 힐렐, 헨리 하센펠트의 3형제는 하센펠트 브라더스라는 명칭의 기업을 세웠습니다. 해즈브로의 전신입니다. 해즈브로는 초기 사업은 필통이었습니다. 1950년대 이 기업은 미스터 포테이토 헤드라는 인기 장난감을 출시했고, 이후 지아이조 동작 피규어를 개발해 냈습니다. 1980년대 들어서는 트랜스포머와 마이 리틀 포니 등 인기 텔레비전 쇼와 연계된 장난감을 선보였죠. 1990년대부터 해즈브로는 보드게임 기업들을 여럿 인수했고, 이를 기반으로 모노폴리와 클루 등 인기 보드게임을 생산해 냈습니다. 오늘날 해즈브로는 장난감, 보드게임, 디지털 게임, TV 쇼 등 다양한 엔터테인먼트 제품을 제공하는 글로벌 기업으로 성장했습니다. 아이들이 여름마다 들고 다니는 대형 물총 역시 이 해즈브로의 제품입니다.

그럼에도 잘 팔리는 아이디어 장난감

해즈브로나 마텔처럼 전통의 대기업이 장악한 장난감 시장이지만 다크호스는 등장하기 마련입니다. 특히 두 대형 장난감 기업이 죽을 쑤는 시기에 두각을 나타낸 기업이 있습니다. 빌드어베어 워크숍입니다. 2023년 1월 9일 빌드어베어 워크숍은 회계연도 2022년 연간 가이던스를 상향 조정했습니다. 기존 4억 5,500만~4억 6,500만 달러의 매출 가이던스를 4억 6,000만~4억 6,500만 달러로 높인 것입니다. 실적 발표 당시 빌드어베어 워크숍의 샤론 프라이스 존 CEO는 "회계연도 2021년에 좋은 수익성을 보였던 것에 이어, 회계연도 2022년에는 지난 25년을 통틀어 가장 높은 수익성을 보일 것"이라고 자신했습니다.

이 같은 좋은 퍼포먼스와 자신감의 바탕에는 빌드어베어 워크숍만의 특별한 비즈니스 모델이 있습니다. 이 기업은 '나만의 곰 인형'을 제작해 판매합니다. 소비자들은 직접 자신이 원하는 인형의 종류와 옷, 장신구 등을 선택할 수 있습니다. 그러면 빌드어베어 워크숍이 주문에 따른 곰 인형을 제작해 배송해 줍니다. 맞춤형 상품에 대한 관심이 커지는 최근 트렌드를 반영한 제품을 판매하고 있는 겁니다. 덕분에 이 기업의 장난감은 연령대가 높은 고객들에게도 인기를 끌고 있습니다.

10
경찰들이 테이저를 더 많이 쏜다면?

경기 악화 → 보안에 대한 필요성 증대 → 테이저 수요 증가

핵심 요약

경기가 나빠지면 범죄율이 올라간다. 시민들은 정부에 강화된 치안을 요구한다. 정부는 경찰과 교정 시설에 대한 예산을 늘린다. 테이저 등 경찰 장비에 대한 구매도 증가한다.

- 액손 엔터프라이스
- 디지털 앨리

미국 경찰들의 필수품

테이저는 근육의 자율적인 통제를 붕괴시키는 전류를 발생시키는 데 사용되는 무기입니다. 한국에서는 테이저건이라고 더 많이 부릅니다. 우리나라 경찰도 테이저를 장착합니다. 2003년부터 일선 경찰서에 보급됐습니다. 다만 실제 사용 빈도는 매우 낮은 편이어서 테이저를 사용했다는 것 자체만으로도 기삿거리가 되고 있습니다.

테이저의 역사는 상당히 깁니다. 1969년 NASA의 잭 커버 연구원은 경찰관들이 용의자들을 통제하는 것을 돕기 위해 총기의 대안으로 비살상 전기 무기를 개발하기 시작했습니다. 그리고 1974년 커버는 1911년 소설인 〈Tom Swift and his Electric Rifle〉을 참조해 '톰 스위프트 전기 라이플TSER'이란 명칭의 장치를 완성했습니다. 하지만 이 TSER은 상업적으로 성공하지 못했습니다. 많은 우여곡절 끝에 테이저 인터내셔널TASER International이라는 기업이 1999년 TASER M26을 출시했고, 결국 성공했습니다. 그리고 이 기업은 2017년 액손 엔터프라이스로 사명을 바꿨습니다.

이 테이저는 미국 경찰이 적극적으로 사용하는 무기 중 하나입니다. 총기 소지가 가능한 국가이기 때문에 미국 경찰이 무력적 우위를 점해야 합니다. 살상력은 낮지만 상대를 완전히 제압할 수 있는 테이저는 미국 환경에 적합한 무기라고 할 수 있겠습니다.

경기가 어려워지면 사회 통제에 대한 니즈는 늘어나게 됩니다. 이는 테이저 수요가 늘어난다는 의미이기도 합니다. 영화 〈빅쇼트〉로 유명한 투자자 마이클 버리가 이끄는 사이언에셋매니지먼트는 2022년 2분기 보유 중이던 롱 포지션을 대부분 청산하고, 교정 시설(교도소 등) 운영 기업인 지오그룹에만 투자한 적이 있습니다. 경기가 어려워지면 범죄가 늘고, 범죄가 늘면 정부가 사회 안정에 더 많은 예산을 쓸 것으로 전망했기 때문입니다. 그러면 증시가 어렵더라도 정부와 계약을 맺는 지오그룹과 같은 기업은 안정적인 실적을 유지할 수 있게 됩니다.

테이저 하면 액손

액손은 정말 미국스러운 기업 중 하나입니다. 우리가 보는 영화나 드라마에서 미국 경찰이 쓰는 테이저와 바디캠을 만들기 때문입니다. 액손의 제품 포트폴리오는 스마트 무기(테이저 등), 카메라(바디캠, 차량용 캠, 카메라 드론), 그리고 소프트웨어(증거 수집, 실시간 경고 등)로 이루어져 있습니다.

골드만삭스의 애널리스트 마이클 잉의 코멘트를 살펴보면 테이저의 입지를 잘 알 수 있습니다. 2023년 3월 7일, 잉 애널리스트는 "액손이 미국의 주·지방 경찰과 오랜 관계를 맺고 있기 때문에 이 회사의 테이저와 다른 제품에 대한 수요가 증가할 것"이라고 내다봤습니다. 그는 "테이저의 업그레이드나 설치 기반 확장에 더해 액손은 바디캠, 플릿 카메라, 소프트웨어, 클라우드 스토리지, 분석 서비스 등에서도 좋은 포지션을 점하고 있다."라고 전했습니다. 그는 "법 집행에 대한 감독 요구가 증가하고 있다."라며 "미국의 1만 8,000곳 법 집행 기관 중 1만 7,000곳과 관계를 맺은 액손의 위치를 고려했을 때 이 기업은 더 큰 수요에 쉽게 접근할 수 있다."라고 설명했습니다. 이런 환경 덕분에 액손의 수익이 증가할 것이라는 전망입니다.

액손은 크게 세 그룹의 고객을 두고 있습니다. ①미국 정부 기관 ②해외 정부 기관, 그리고 ③일반 기업입니다. 우리에게 익숙한 이름인 NYPD New York Police Department를 포함해 LAPD Los Angeles Police Department 등 각 지역 경찰과 국토안보부DHS, 국방부DOD, 법무부DOJ와 같은 중앙부처 등이 미국 내 고객들입니다. 토론토 PD와 런던 경찰은 해외 고객사죠. 미국의 주유소 네트워크인 퀵트립QuikTrip과 야구 구단인 애리조나 다이아몬드백스Diamond Backs도 액손의 제품과 서비스를 이용하고 있습니다.

11
핸드메이드 제품이 비싸다고 느껴진다면?

경기 둔화 → 임의 소비재 소비 감소 → 핸드메이드 시장 위축

> **핵심 요약**
>
> 핸드메이드 제품은 대부분 필수 소비재가 아니다. 이 때문에 경기 둔화의 영향으로 사람들의 소비가 줄어들 때 직접적인 영향을 받게 된다. 대개 독점적인 지위를 점하는 국가별 핸드메이드 플랫폼들의 기업 가치는 경기에 민감하게 반응한다.

- 엣시
- 아마존
- 알리바바 그룹 홀딩스
- 이베이

선점이 중요한 핸드메이드 플랫폼

학창 시절 사회 과목을 공부하면서 소품종 대량 생산, 다품종 소량 생산 등의 용어를 들어본 기억이 있으실 겁니다. 이는 상품의 생산 트렌드를 설명하기 위해 시장에서도 자주 사용되는 개념입니다. 소품종 대량 생산은 산업 혁명 이후 도입된 생산 방식으로 동일한 제품을 대량으로 찍어내는 방법을 의미합니다. 이런 생산 방식은 비용이 저렴하다는 장점은 있지만, 상품이 획일화된다는 단점이 있습니다. 현대에는 나만의 라이프스타일을 추구하는 문화가 확산되며 소비자들이 점차 개성을 찾아 나서기 시작했습니다. 남들과 똑같은 제품을 소비하는 데 지루함을 느끼게 된 것입니다.

덕분에 핸드메이드 상품 시장도 활성화되는 추세입니다. 시장조사 기관 리서치 앤드 마켓Research and Markets이 2023년 1월 발간한 자료에 따르면, 2022년 글로벌 핸드메이드 상품 시장의 규모는 7,522억 달러 수준이었습니다. 이 시장은 2028년까지 1조 2,966억 달러 규모로 성장할 것으로 전망됩니다. 2022년부터 2028년까지의 연평균 성장률 CAGR이 9.5%라는 계산이 나오죠. 상당히 높은 성장률입니다.

핸드메이드 상품 시장 참여자들이 겪는 제일 큰 어려움은 생산자와 소비자 간 접점을 만드는 일입니다. 제작자 입장에서는 공들여 좋은 상품을 만들어도 판매처를 구하기 어렵고, 소비자들은 개성 있는 제품을 구매하고 싶어도 어디서 사야 할지 모르죠. 여기서 핸드메이드 마켓 플랫폼 기업들이 등장합니다. 이 기업들은 생산자와 소비자 사이를 중개하는 서비스를 제공하며 수수료를 받는 방식으로 수익을 올립니다.

핸드메이드 플랫폼은 소수의 기업이 시장 전체를 점유하는 특징을 보입니다. 이미 사용자들 간에 활발히 거래가 이루어지고 있는 플랫폼이 존재한다면, 생산자도 소비자도 굳이 더 작은 플랫폼을 이용할 필요가 없죠. 그렇기에 이 분야는 선점 효과를 누리는 것이 무엇보다 중요합니다.

한국에는 아이디어스가 있습니다. 온라인 최대 핸드메이드 플랫폼인 아이디어스는 작가들에게 원부자재를 공급하는 사업도 영위하고 있습니다. 더 나아가 현재는 오프라인 매장도 운영하고 있죠. 일본에는 크리마 Creema가 있습니다. 크리마는 온라인 플랫폼을 제공하는 데서 더 나아가 잡지와 TV 프로그램, 셀렉트 숍 등을 통해 작가의 작품을 더 많이 노출하기 위한 노력을 병행하고 있습니다. 또 일본의 이 핸드메이드 플랫폼은 작가 커뮤니티를 구축해 서로 간의 협력이 발생할 수 있는 환경을 만들어 나가고 있습니다. 영국에는 포그시 Folksy, 인도에는 아이크래프트 iCraft, 호주에는 메이드잇 Madeit, 뉴질랜드에는 펠트 felt가 있습니다. 이렇듯 각 국가에는 독점 혹은 독과점을 누리는 핸드메이드 플랫폼이 운영되고 있습니다.

미국 핸드메이드의 왕 엣시

가장 거대한 핸드메이드 시장은 미국입니다. 그리고 이곳에도 대표 핸드메이드 플랫폼이 있죠. 엣시는 '핸드메이드계의 아마존'이라 불립니다. 2005년 창립한 이 기업은 지속적인 성장을 이어오고 있습니다. 스태티스타가 2022년 발표한 자료에 따르면, 엣시에 입점한 판매자는 2012년 83만 명에서 2021년 752만 2,000명으로 늘었습니다. 같은 기간 이 플랫폼을 이용하는 구매자는 932만 명에서 9,634만 명으로 증가했습니다.

실적의 단면을 간단히 살펴봅시다. 엣시는 2022년 4분기 8억 724만 달러의 매출을 올렸습니다. 이는 전년 동기 대비 12.6% 상승한 수치입니다. 또 이 숫자는 당시 레피니티브가 집계했던 예상치 7억 5,200만 달러를 상회했습니다.

그러나 엣시의 성장에 제동이 걸렸습니다. 2023년 3월 제프리스의 존 콜란투오니 애널리스트는 투자 의견을 '매수'에서 '시장수익률 하회'로 두 단계 낮췄습니다. 목표주가를 기존 150달러에서 85달러로 반토막 냈습니다. 그가 꼽은 문제점은 소비 위축이었습니다. 콜란투오니 애널리스트는 "2022년 구매자 이탈률이 늘었고, 4분기에는 이 이탈이 기록적인 수준에 이르렀다."라며 "같은 기간 이들의 소비도 줄었다."라고 지적했습니다.

2022년 4분기 엣시의 활성 구매자는 전년 동기 대비 1.3% 줄어든

9만 5,076명으로 나타났습니다. 늘기만 하던 구매자가 감소한 것입니다. 또 4분기 총 상품 판매액GMS도 전년 동기 대비 4% 감소한 40억 3,378만 달러를 기록했습니다. 엣시가 당시 제시한 가이던스도 다소 부정적이었습니다. 이 기업이 제시한 올해 1분기 GMS 전망은 29억 5,000만~31억 5,000만 달러입니다. 이는 2022년 4분기 대비 22~27% 줄어든 수준을 의미합니다. 엣시는 매출도 줄어들 것으로 전망했습니다. 2023년 1분기 매출 가이던스는 6억~6억 4,000만 달러입니다.

줄어든 저축률, 대형 유통 업체들의 실망스러운 가이던스 등 다양한 지표가 소비 위축을 가리키는 가운데 엣시도 타격을 피해 가지 못했던 것입니다. 특히 핸드메이드 제품은 다소 애매한 위치에 있습니다. 시장에서 대량 생산되는 상품과 비교하면 가격 경쟁력이 부족하고, 럭셔리 제품과 비교하면 상품 가치에서도 밀립니다. 소비 위축이 엣시에 지대한 영향을 미친 셈입니다.

12

틱톡을 못 쓰게 된다면?

미국 갈등 → 틱톡 금지 → 경쟁 SNS 수혜

🔖 **핵심 요약**

SNS 기업은 개인 정보를 다룬다. 이 때문에 틱톡 유저들의 개인 정보는 중국 기업인 바이트댄스가 보관하게 된다. 그런데 중국 기업을 믿지 못하는 미국은 틱톡에 압박을 가한다. 틱톡의 미국 사업이 막힐 가능성이 커질수록 미국의 경쟁 SNS 기업들의 가치는 올라가게 된다.

- 메타
- 바이두
- 범블
- 핀터레스트
- 스냅

위 약관에 동의합니다

2011년 3월 CIA 부국장이 대중의 적극적인 페이스북 사용에 대해 "이는 CIA의 꿈이 현실로 이루어진 것"이라고 말한 영상이 공개된 적 있습니다. 이 영상에서 그는 CIA가 어렵게 수집하던 개인 정보를 SNS의 발달로 인해 이제는 사람들이 자발적으로 업데이트해주는 시대가 되었다고 말합니다. 결론부터 말하자면 해당 영상은 미국의 풍자 매체 디 어니언The Onion의 기자 크리스토퍼 사르틴스키가 지어낸 내용으로 사실이 아닙니다. 각본에 맞춰 촬영된 '패러디 뉴스'죠. 그럼에도 이는 여러 매체에서 CIA 발언으로 인용되었고, 국내에서도 'CIA가 SNS 사용을 긍정적으로 바라보는 이유' 등의 제목으로 온라인상에서 공유되기까지 했습니다. 많은 사람들이 이를 '진짜 뉴스'로 인식할 정도로 SNS 개인 정보 문제에 대한 사회적 경각심이 컸기 때문일 것입니다.

사람들은 자신의 사진, 핸드폰 번호, 이메일, 생년월일을 비롯해, 때로는 주소, 계좌번호 등 민감한 정보까지도 SNS에 업로드했습니다. 개인 정보의 중요성이 그 어느 때보다 커진 현재, 소비자들은 자연스럽게 SNS 기업들의 보안 문제에 대해서도 큰 관심을 가지게 됐습니다. 국내·외 할 것 없이 어느 기업에서 해킹 이슈가 발생해 고객 수가 급감했다는 내용의 기사를 심심치 않게 찾아볼 수 있습니다.

사이버 보안과 관련해 가장 뜨거운 관심을 받은 SNS는 숏폼 비디오 플랫폼 '틱톡'입니다. 중국 바이트댄스가 운영하는 이 SNS 플랫폼은 사용자의 개인 정보에 무단 접근한다는 논란에 휩싸여 있습니다. 틱톡은 한국에서도 2020년 14세 미만 아동의 개인 정보를 법정대리인 동의 없이 수집하고 이전한 혐의로 방송통신위원회로부터 과징금 및 과태료를 부과받은 적이 있습니다. 표현의 자유에 대해 엄중히 여기는 미국에서도 틱톡만큼은 위험하다는 견해가 나오고 있습니다. 정부가 직접 나서서 대응할 정도로 심각하게 여겨지고 있습니다.

미국 정부는 국민의 개인 정보가 중국에 유출되는 것을 막기 위해 수년 동안 개입해 왔습니다. 트럼프 행정부는 틱톡의 미국 사업부를 마이크로소프트나 오라클 산하에 두려는 시도도 했었습니다. 이후 이 SNS를 법으로 금지하려는 움직임까지 보이고 있습니다.

미국 하원 외교위원회는 2023년 바이든 대통령에게 틱톡 금지 권한을 부여하는 법안을 논의했습니다. 상원에서도 법적 제재를 언급했죠. 미국 민주당 소속의 마크 워너 상원 정보위원장은 2023년 3월 5일 공화당 존 쑨 상원의원과 함께 틱톡을 정조준하며 중국 기술 기업의 미국 진출 금지 법안을 추진하겠다고 밝혔습니다. 워너 의원은 "매일 1억 명의 미국인이 90분가량 틱톡을 사용한다."라며 "틱톡은 미국인들로부터 정보를 갈취하고 있고, 무엇보다 이 SNS가 프로파간다를 위한 도구로 사용될까 우려된다."라고 말했습니다.

틱톡의 위기는 스냅의 기회

틱톡이 위기에 처하면 미국 SNS 기업들은 반사이익을 얻습니다. 유튜브, 로블록스, 스냅, 메타 플랫폼스 등의 기업들이 수혜주로 꼽힙니다. 의회에서 틱톡에 대한 법적 제재 이야기가 나오자 스냅 주가가 바로 반응했습니다. 2023년 3월 6일 스냅의 주가는 무려 9.48% 급등했습니다. 스냅의 주가가 이토록 민감하게 반응했던 이유는 이 기업이 서비스하는 SNS 플랫폼 '스냅챗'의 이용자층이 틱톡과 겹치기 때문입니다.

  틱톡의 주된 이용자층은 청소년입니다. 스태티스타가 2023년 1월 발표한 자료에 따르면, 전 세계 틱톡 이용자 중 18~24세 비율은 38.9%로 전 연령대에서 가장 높았습니다. 이 조사에 18세 미만은 포함되지 않았다는 점을 고려하면 청소년층의 비중이 실제로는 더 클 것으로 추정됩니다. 스냅챗의 경우도 비슷합니다. 시장조사기관 데이터리포탈Datareportal이 2023년 2월 발표한 자료에 따르면, 스냅챗 이용자 중 13~24세의 비율은 58.9%로 과반수가 청소년이었습니다.

  점유율 측면에서 보아도 이 둘은 정면 승부를 피할 수 없습니다. 퓨리서치 센터Pew Research Center가 2022년 5월 집계한 자료에 따르면, 미국 13~17세 청소년 중 67%가 틱톡을 사용하고 있었습니다. 스냅챗을 이용하는 비중은 59%였습니다. 특히 '거의 항상 사용한다'라고 답한 응답자 비율은 틱톡 16%, 스냅챗 15%로 나타났습니다. 충성 고객층에서의 격차는 더 좁다는 의미입니다.

틱톡과 스냅챗은 여러 브랜드의 마케팅 방식에도 큰 변화를 일으켰습니다. 이들 브랜드는 틱톡과 스냅챗과 같은 앱에서 맞춤형 필터와 렌즈, 이모티콘, 챌린지를 만들어 고객과 소통의 기회를 마련하려 합니다. 좋든 나쁘든 이 두 앱은 미국의 청소년들 사이에서 가치관과 트렌드를 형성하는 데 영향을 미칩니다.

13
세금 낼 때가 됐다면?

세금 시즌 도래 → 세금 솔루션 이용률 증가 → 수익성 대폭 향상

핵심 요약

한국과 마찬가지로 미국에도 세금 신고 기간이 있다. 납세자들은 점점 더 많이 SaaS를 이용해 납세 절차를 진행한다. 사용자 수 증가는 소프트웨어 기업의 마진을 빠르게 높인다.

- 워크데이
- 인튜이트
- 세일즈포스
- SAP
- H&R 블록

미국의 세금 시즌

한국에 세금 신고 기간이 있듯 미국에도 같은 시스템이 있습니다. 2023년의 경우 미국의 세금 시즌은 1월 23일부터 4월 18일까지였습니다. 당시 미국 국세청 IRS은 납세자들이 총 1억 6,800만 건 이상의 세금 신고를 할 것으로 예상했습니다. 이 기간에는 신고서 준비부터 제출까지 세금 관련 솔루션을 제공하는 세금 소프트웨어 기업들의 이용자가 급등합니다.

납세자들이 세금 신고를 하는 방법은 여러 가지가 있습니다. 이 중 대표적인 두 가지 방법이 있습니다. 첫 번째는 세금 소프트웨어를 사용하는 방법이고, 두 번째는 공인회계사를 통해 세금을 신고하는 것입니다. 미국 금융정보 사이트 고뱅킹레이트GOBankingRates가 2023년 2월 실시한 세금 신고에 관한 설문조사에 따르면, 응답자의 44%는 세금 소프트웨어를 사용해 세금을 신고할 계획이라고 하였습니다. 약 18%만이 공인회계사와 협력할 계획을 세웠습니다.

세금 소프트웨어를 이용하면 어떤 이점이 있을까요? 바로 효율적인 비용입니다. TSP 패밀리 오피스의 테일러 이슨 세금 전문가는 "공인회계사를 통해 세금 신고를 하면 최소 100달러의 비용이 든다."라고 말했습니다. 반면 세금 소프트웨어는 무료 혹은 저렴한 가격에 이용할 수 있습니다.

효율적인 비용에 편리함까지 갖춘 세금 소프트웨어에 대한 수요도 앞으로 늘어날 것으로 전망됩니다. 이에 따라 전 세계 세금 소프트웨어 매출 규모도 꾸준히 증가할 것으로 보입니다. 시장조사기관 커스텀 마켓 인사이트Custom Market Insights가 2022년 7월 발표한 자료에 따르면, 세금 소프트웨어 시장은 매출 기준 2021년 71억 달러에서 2030년 145억 달러 규모로 성장할 것으로 전망됩니다. 2022년부터 2030년까지 연평균 성장률CAGR은 9%에 달할 것으로 추정됐습니다.

편리한 인튜이트

웰스파고는 지난 10년간 세금을 납부한 사람들을 대상으로 조사한 결과, 45%의 납세자가 세금 소프트웨어를 통해 세금 신고를 한다고 밝혔습니다. 많은 납세자들은 이제 간편한 소프트웨어를 통해 스스로 세금 신고를 하고 있는 겁니다. 이에 투자은행 업계에서는 세금 소프트웨어 기업들을 긍정적으로 평가하고 있습니다. 특히 뉴욕타임스가 뽑은 2023년 최고의 세금 소프트웨어인 터보택스를 운영하는 인튜이트를 주목할 필요가 있습니다.

  인튜이트는 소상공인, 자영업자, 중소기업, 개인 고객 등을 대상으로 세무 및 회계, 결제, 자산 관리 솔루션을 제공하는 핀테크 기업입니다. 이 기업의 대표적인 상품으로는 중소기업 대상으로 세무, 회계 및 페이먼트 솔루션을 제공해 주는 퀵북스Quickbooks와 개인 고객의 세금 신고 및 환급 솔루션을 제공해 주는 터보택스TurboTax 등이 있습니다.

  인튜이트는 2023년 2분기(1월 31일 종료) 30억 4,100만 달러의 매출을 기록했습니다. 이는 전년 동기 대비 14% 증가한 수치입니다. 팩트셋이 집계했던 예상치 29억 1,000만 달러보다 높은 수준입니다. 당시 웰스파고의 마이클 터린 애널리스트는 "국세청이 1월부터 세금 신고를 시작했다."라며 "터보택스로 유입된 소비자 수는 투자자들이 인튜이트에 주목할 이유를 더해준다."라고 말했습니다. 과세 시즌에 인튜이트의 '터보택스' 앱 수요가 집중될 것이라 예상한 것입니다.

  인튜이트처럼 세금 소프트웨어를 공급하는 기업은 더 있습니다. H&R 블락H&R Block과 블루코라Blucora는 인튜이트의 가장 큰 경쟁자로, 간단한 세금 신고와 복잡한 세금 신고 등 두 유형에 대해 비슷한 세금 신고 솔루션을 제공하고 있죠.

14
난민이 늘어난다면?

이민자 발생 → 임시 숙소 니즈 증가 → 모듈식 주택 수요 상승

> **핵심 요약**
>
> 국경을 넘어 미국으로 들어오는 불법 이민자는 쉽게 줄지 않는다. 미국 정부는 이들 이민자를 관리하기 위해 임시 주거지를 계속 확장해야 한다. 여기에 모듈식 주택이 쓰인다. 전문 기업들은 모듈식 주택 유지·관리와 신축 두 가지에서 모두 수익을 거둔다.

- 타겟 호스피탈리티
- 시비오

니치마켓 모듈식 주택

니치 마켓niche market은 특정 제품에 초점을 맞춘 시장을 의미합니다. 중소기업들은 거대한 기업과의 경쟁에서 살아남기 위해 이 니치 마켓을 찾아다닙니다. 그리고 그 시장에서 고도화된 전문 능력을 키워 경쟁력을 갖추게 됩니다. 타겟 호스피탈리티와 시비오CVEO가 바로 이 니치 마켓을 정확히 파고들었습니다. 이 두 기업은 현장 근로자를 위한 숙박 시설 등을 제공하고 있습니다. 거대한 호텔 기업이나 건설사 틈바구니에서 자신만의 시장을 확고히 한 겁니다.

도시에서 멀리 떨어진 곳에 작업 현장을 둬야만 하는 산업이 있습니다. 석유와 가스, 그리고 광물을 채굴해야 하는 에너지·자원 산업이 대표적입니다. 여기서 일하는 사람들은 임시 숙소가 필요합니다.

이 지점에서 모듈식 주택의 장점이 빛을 발합니다. 모듈러 구조는 더 많은 공간을 만들고 더 많은 사람을 수용할 수 있도록 쌓고 결합하는 데 최적화되어 있습니다. 또 어느 정도 제작된 모듈들을 쉽게 옮길 수 있으므로 초기 임시 숙소를 구축하거나 향후 이사를 할 때도 편리합니다. 모듈식 주택의 퀄리티는 상당히 높아져 있습니다. 일반적인 가정처럼 편안함을 제공할 수 있도록 설계되어 있기도 합니다. 또 하나 중요한 포인트가 있습니다. 비용 대비 효율의 정도입니다. 모듈식 구조물은 영구적인 건물을 짓는 것에 비해 비용이 상당히 저렴합니다.

경기 둔화 혹은 침체 시기에는 모듈식 주택에 대한 관심이 더욱 늘어납니다. 이 시기 미국의 주택 구매자와 판매자 모두 어려운 상황에 처합니다. 집을 짓거나 수리에 필요한 비용이 크게 늘어난 반면 주택 가격은 하락합니다. 공장에서 조립된 모듈식 주택은 택지에 새롭게 건물을 올리는 것보다 훨씬 저렴할 뿐만 아니라 공사 기간도 대폭 줄어듭니다. 그리고 아직 주택을 구매할 준비가 되어 있지 않은 사람들은 이런 모듈식 주택의 임대를 선호하기도 합니다. 길지 않은 기간 동안 저렴하게 머물 수 있기 때문입니다.

스몰캡 타겟 호스피탈리티

미국 증시에서는 시가총액 3억 달러와 20억 달러 사이의 기업들을 스몰캡으로 분류합니다. 그리고 2021년 이후 이 스몰캡 기업 중 타겟 호스피탈리티의 주가 상승률은 압도적이었습니다.

타겟 호스피탈리티는 전문 임대 및 숙박 서비스 사업을 영위하고 있습니다. 특히 석유 및 가스 시추, 광업 그리고 재난 구호에 사용되는 인력 및 거주자들의 숙소와 기타 임시 주택을 이 기업이 제공하고 있습니다.

타겟 호스피탈리티의 사업 구성을 좀 더 자세히 살펴보겠습니다. 2022년 11월 28일 발표한 이 기업의 투자자 프레젠테이션 자료에 따르면, 2014년 타겟 호스피탈리티의 사업 구성은 업스트림·미드스트림 에너지 기업으로 100% 구성되어 있습니다. 그리고 2019년 에너지 기업의 비중은 79%로 낮아지고, 동시에 정부(21%)가 등장했습니다. 2022년에는 전체 사업 구성의 70% 이상을 정부 사업이 차지하게 됐습니다. 물론 이 기간 타겟 호스피탈리티의 사업 규모도 함께 성장했습니다.

  타겟 호스피탈리티의 주력인 정부 사업은 미국 국경을 넘어오는 이민자들을 위한 다양한 인도주의적 솔루션을 제공하는 사업을 말합니다. 임시 거처를 마련해 주는 것은 물론이고 교육 서비스와 커뮤니티 센터를 통해 다양한 사회적 활동을 할 수 있도록 지원합니다. 미국 정부와 함께 이민자들이 미국에서 머물 수 있는 환경을 구축해 줍니다. 미국 이민자 수가 증가하면서 타겟 호스피탈리티는 정부와의 더 많은 계약을 체결하며 사업을 확장해 나가고 있습니다. 타겟 호스피탈리티의 브래드 아처 CEO는 2022년 11월 "여러 장기 계약과 운영 플랫폼 강화를 통해 우리는 기록적인 영업 현금 흐름을 보일 수 있었다."라고 밝혔습니다.

15
대마초 소지 범죄자가 사면된다면?

대마초 합법화 추진 → 미래 수익 증가 → 기업 가치 향상

🌑 핵심 요약

글로벌 대마초 기업의 기업 가치는 미국의 합법화에 큰 영향을 받는다. 이 때문에 미국 정치권에서 대마초 합법화를 강하게 추진할 때마다 상장된 대마초 관련 기업의 주가는 들썩인다. 다만 적자 구간에 머무는 대마초 기업들이 많기 때문에 주가 변동성은 큰 편이다.

- 틸레이
- 캐노피 그로스
- 오로라 카나비스

대마초 합법화 공약

대마초는 미국 연방법에 따라 불법이지만, 많은 미국인은 일상적으로 이 대마초를 소비하고 있습니다. 미국인의 약 절반 정도가 대마초를 한 번 이상 사용해 본 적이 있다고 답할 정도입니다. 2020년 전국 약물 사용 및 건강 설문조사 National Survey on Drug Use and Health에 따르면, 12세 이상 미국인 약 4,910만 명이 지난 한 해 동안 마리화나를 사용한 적이 있다고 응답했습니다. 이는 해당 연령대의 약 17.5%에 달하는 수치죠. 또 미국 성인의 약 11.8%가 매일 또는 거의 매일 마리화나를 사용한 것으로 추정됐습니다.

대마초는 미국에서 빼놓을 수 없는 요소인 것입니다. 그리고 당연하게도 이 대마초를 중심으로 한 산업의 규모는 커지고 있습니다. 정치권에서도 대마초는 언제나 화두입니다.

2022년 10월 6일 조 바이든 미국 대통령이 이날 대마초 단순 소지에 따른 모든 연방 범죄를 사면하겠다고 밝혔습니다. 대마초 합법화는 바이든 대통령의 대선 공약 중 하나였습니다. 당시 11월 중간선거를 앞뒀던 바이든 대통령이 합법화 추진 의지를 다시 드러내자 대마초 관련 주에 대한 투자심리가 강해졌습니다.

바이든 대통령은 "대마초를 단순 소지했다는 이유로 사람들을 감옥에 보내는 일은 너무 많은 사람의 삶을 망쳤다."라며 "(대마초 소지는) 많은 주에서 합법화돼 더는 금지하지 않는 행위"라고 강조했습니다. 이어 "대마초 소지에 대한 사면을 모든 주지사에게 요청할 것"이라고 덧붙였습니다. 주요 외신은 바이든 대통령의 발언에 대해 "단순 소지로 수감된 사람은 상대적으로 적다."라며 "이번 조치는 대마초를 합법화하기 위한 교두보인 셈"이라고 설명했습니다. 이번 조치로 사면되는 수감자는 6,500명 남짓이기 때문입니다. 또한 바이든 대통령은 연방 규제 당국에 대마초의 마약 지정 분류에 대한 검토도 요청했습니다.

대마초 탑 티어 틸레이

틸레이는 글로벌 대마초 제약 및 제조업체입니다. 의료용 대마초 연구와 재배, 처리, 유통 등에 집중하고 있습니다. 캐나다와 유럽을 중심으로 미국, 호주, 뉴질랜드 등에서도 사업을 영위하고 있으며, 2021년 또 다른 의료용 대마초 기업 아프리아와 합병하며 대마초 매출 기준 1위 회사로 도약했습니다.

이 회사의 매출은 꾸준히 성장하고 있습니다. 그러나 2022년까지도 흑자전환은 이루지 못하고 있습니다. 매출이 늘어나는 속도만큼 영업손실도 크게 늘었습니다. 캐나다 대마초 시장의 경쟁이 치열해지며 우위를 차지하기 위한 비용 지출이 늘어났기 때문입니다.

이처럼 틸레이의 펀더멘털 자체는 취약한 편입니다. 흑자전환을 위해서는 세계 최대 대마초 시장인 미국의 시장 개방이 필수적입니다.

16
운반할 곡물이 넘친다면?

러시아-우크라이나 전쟁 → 글로벌 곡물 공급 감소
→ 미국의 수출 증가 → 철도 사용 증가

핵심 요약

미국은 세계 곡창지대 중 하나다. 수출량이 늘게 되면 미국 내 철도 회사들은 분주해진다. 특히 캐나다 서부와 미국 북부 평원을 관통하는 철도 회사는 곡물 운반에 있어 중추적인 역할을 맡는다.

- CSX 코퍼레이션
- 노퍽서던
- 유니온퍼시픽
- 캐나디안 퍼시픽 레일웨이
- 캐나디안 내셔널 레일웨이

미국의 동맥 철도

우크라이나-러시아 전쟁이 발발하자 식량 공급망에 큰 변화가 생겼습니다. 우크라이나가 대표적인 곡물 수출 국가이기 때문입니다. 특히 우크라이나는 전 세계 밀의 10%를 수출했었습니다. 최대 곡물 생산 국가인 미국의 기업들은 전쟁 이후 더 많은 곡물을 실어 나르게 된 것입니다.

미국철도협회AAR에 따르면, 철도는 미국 화물 운송의 28% 이상을 담당하고 있습니다. 운송에 대한 수요는 꾸준히 유지되기 때문에 철도 기업들은 가격 전가력도 꽤 행사할 수 있습니다. 즉, 인플레이션 시기에도 올라간 비용만큼을 이용자들에게 전가할 수 있는 것입니다.

특히 곡물 운송에는 철도가 많이 쓰입니다. 미국 농무부 자료에 따르면, 미국 전체 곡물 중 30% 가까이가 철도로 운송됩니다. 2022년 10월 월간 곡물 운송량은 사상 최대치를 기록하기도 했습니다.

곡물 운송의 주인공 캐나디안 퍼시픽

캐나디안 퍼시픽은 곡물 운송의 대표 기업이라고 볼 수 있습니다. 매출에서 곡물 운송이 차지하는 비중이 크기 때문이죠. 곡물 운송량 증가로 가장 큰 수혜를 입는 기업으로 볼 수 있습니다.

캐나디안 퍼시픽은 곡물 운송에 특화된 기업으로 꼽힙니다. 캐나다 퍼시픽의 철도 네트워크는 캐나다 서부와 미국 북부 평원의 곡물 생산 지역 심장부에 위치해 있습니다. 철도 기업들 가운데 가장 주요 곡물 생산 지역과 가깝게 네트워크가 형성되어 있습니다.

캐나디안 퍼시픽의 매출 비중을 살펴보면 운송 물량 중 곡물이 가장 크게 차지하고 있습니다. 전체 운송 매출 중 약 17%가 곡물 운송에서 나오고 있습니다. 경쟁사인 유니온퍼시픽(14%)과 CSX(10%)보다 높은 수치입니다. 이 같은 철도 회사의 매출 비중은 쉽게 변하지 않습니다. 깔린 철도망을 옮길 수는 없기 때문이죠. 이 때문에 사업 포트폴리오를 다각화하기 위해 다른 철도 회사를 인수하는 M&A 전략이 곧잘 활용됩니다.

17
의류 재고가 늘어난다면?

의류 재고 증가 → 할인 업체의 협상력 상승 → 수익성 개선

> 🔖 **핵심 요약**
>
> 경기가 둔화되거나 침체에 빠지면 사람들은 옷 소비를 줄인다. 그런데 의류 재고가 증가하면 의류 할인 업체들은 좋은 시기를 맞이한다. 의류 유통업체로부터 더 싸게 의류를 사들인 뒤 소비자들에게 판매하면 되기 때문이다. 사람들은 비싼 옷 소비는 줄이고 대신 의류 할인 업체를 더 찾게 된다.

- 로스 스토어스
- 풋락커
- 딕스 스포팅 굿즈
- 벌링턴 스토어스

의류 할인 업체의 반격

의류의 생산 원가와 소매가격은 상당히 다릅니다. 평균적으로 의류의 최종 소매가격에서 실제로 생산 비용으로 사용되는 부분은 극히 일부에 불과합니다. 의류가 여러 단계의 공급망을 거치면서 기본 생산 비용에 여러 가지 마크업이 추가됩니다. 제조업체, 브랜드, 유통업체, 소매업체 모두 운용 비용과 수익 마진을 충당하기 위해 마크업을 추가하죠. 의류가 소매점에 도달할 때까지 총 마크업은 생산 비용의 6배 또는 그 이상이 될 수 있습니다.

의류는 잘 팔리기만 한다면, 현금을 바로바로 벌 수 있는 아주 좋은 사업 아이템이 됩니다. 그러나 반대의 경우도 일어날 수 있죠. 의류의 판매가 원활히 이뤄지지 않는다면? 우리는 어떤 종목에 주목해야 할까요?

2022년 경기가 둔화되자 의류에 대한 소비 지출이 감소할 것이라는 분석이 많이 나왔습니다. 그런데 예상과는 다르게 의류 업체들은 견고한 실적을 잇따라 발표했었습니다. 특히 의류 할인 업체들의 실적 선방이 두드러졌었습니다.

소매업체들은 2022년 재고 문제로 어려움을 겪었습니다. 특히 의류 업체들의 재고 문제는 극심했습니다. 하지만 이 문제가 의류 할인 업체들에는 호재로 작용했습니다. 이들 의류 할인 업체는 재고를 과거보다 싸게 사들인 다음 합리적인 가격에 되팔 수 있었기 때문입니다. 저렴한 가격에 재고를 처리하던 큰 백화점과 대형마트와는 대조적으로 의류 할인 업체는 어느 정도 가격을 높이더라도 견조한 매출을 이어갈 수 있었던 것입니다.

의류 할인 부문 매출 1위는?

로스 스토어스는 미국 의류 할인 업체 중 매출 1위를 자랑합니다. 미국 40여 개 주에서 2,000개가 넘는 매장을 운영하고 있습니다.

경기 침체에 대한 우려가 한창이던 2022년 3분기 로스 스토어스는 45억 6,500만 달러의 매출을 기록했습니다. 레피니티브가 집계했던 매출 예상치인 43억 7,000만 달러를 상당히 상회한 것입니다. 당시 로스 스토어스의 바바라 렌틀러 CEO는 "다가올 연휴 판매 시즌인 4분기에 쉽게 매출을 올릴 수 있을 것"이라고 장밋빛 미래를 점치기까지 했습니다.

투자은행 업계의 시각도 긍정적이었습니다. 2022년 11월 18일 CNBC에 따르면, 크레디트스위스의 마이클 비네티 애널리스트는 "로스 스토어스가 3년간 동일 점포 매출 성장을 가속화했기 때문에 오프 프라이스 소매업체 중 선두 주자가 될 것"이라고 평가했습니다. 2022년 10월 또 다른 애널리스트인 웰스파고의 이케 보로초우는 "2008년 불경기 동안 소비자들이 더 싼 것을 구매하면서 오프 프라이스 소매업들의 시장 점유율이 상승했었다."라며 "높은 인플레이션으로 인해 앞으로 이 분야 소매업체들은 강세를 보일 것"이라고 내다봤었습니다.

18
중국에서 시위가 격화된다면?

**중국 시위 → 경제 불확실성 확대 → 유가 하락
→ 천연가스 사업 중요도 증대**

핵심 요약

중국은 공산주의 국가로, 사회 통제가 강한 편이다. 이 때문에 시위는 심각한 문제로 받아들여지고는 한다. 특히 대규모 시위가 경제 위기로 연결될 가능성이 점쳐지면 유가는 하락한다. 중국의 석유 소비량이 엄청나기 때문이다. 반대로 중국이 많이 소비하지 않는 천연가스는 상대적으로 영향을 덜 받는다.

- 로스 스토어스
- 풋락커
- 딕스 스포팅 굿즈
- 벌링턴 스토어스

중국 시위의 나비효과

2022년 11월 중국이 강력한 제로 코로나 정책을 펼쳤습니다. 이동의 자유가 사라지자 중국 국민들의 불만은 극에 달했습니다. 결국 반정부 시위가 속출했습니다. 그리고 이 시위는 중국 내 경제 불확실성을 키웠고, 석유 수요가 크게 줄어들 수 있다는 우려로까지 연결되었습니다. 석유 기업들은 유가에 따라 실적이 좌우됩니다. 즉, 유가 변동성이 확대된다는 것은 곧 위기를 의미합니다.

중국이라는 변수는 석유 시장에 지대한 영향을 미칩니다. 스태티스타에 따르면, 2021년 기준 중국의 일일 원유 소비량은 1,544만 배럴에 달합니다. 전 세계 일일 원유 생산량이 2021년 8,990만 배럴 수준이었다는 점을 감안하면, 중국이 단독으로 약 17%의 석유를 소비하는 셈입니다.

이런 중국에서 문제가 터지자 유가는 바로 흔들렸습니다. 당시 신규 감염자가 빠르게 증가하자 중국 정부는 주택단지를 봉쇄하는 등 강경한 방역 행보에 나섰고, 반정부 시위까지 벌어졌던 겁니다. 이런 여파로 2022년 11월 27일 유가가 크게 하락한 데 이어, 28일 미국 서부 텍사스산 원유WTI 1월 인도분 선물 가격은 73.60달러까지 내려가기도 했습니다. 이는 2021년 12월 27일 이후 최저치였습니다.

슈퍼 메이저 코노코필립스의 장점

코노코필립스는 미국 정유업계 슈퍼 메이저 중 하나입니다. 이 회사는 석유와 천연가스를 함께 판매하고 있습니다. 유가 변동성에 따른 실적 등락을 방어할 사업 포트폴리오를 갖추고 있는 것입니다. 특히 당시 천연가스 가격이 상승하고 있었다는 점은 눈여겨볼 필요가 있습니다.

 일단 코노코필립스는 원유 기업으로서의 강점이 뚜렷합니다. 미국 최대 규모의 원유 생산량을 자랑하는 기업입니다. 여기에 더해 천연가스 사업에서도 두각을 드러내고 있습니다. 카타르의 천연가스 생산 사업인 '노스필드 사우스' 프로젝트에 참가한 것이 대표적인 사례입니다.

 천연가스 사업은 중국 리스크에서도 자유로운 편입니다. 중국의 천연가스 소비량은 원유에 비해 적습니다. 중국 경제 불확실성이 유가에는 영향을 주더라도 천연가스 가격과 사업에 미치는 영향은 상대적으로 제한적입니다. BP에 따르면, 중국 본토의 천연가스 소비량은 2021년 기준 전 세계의 9.3%에 불과합니다. 반면 최대 소비 국가인 미국의 천연가스 소비량은 20.5%에 달합니다.

19
월드컵이 곧 열린다면?

스포츠 토너먼트 → 맥주 수요 증가 → 반짝 이익 상승

🔖 **핵심 요약**

스포츠 경기의 빈도가 높아질수록 맥주 소비는 증가한다. 현장이 아닌 집에서 스포츠를 시청하는 사람들은 늘고 있는데, 이 영향으로 마트나 편의점의 맥주 판매량이 늘고 있다.

- 안호이저부시 인베브
- 암베브
- 보스턴 비어

스포츠 관람에 맥주는 필수!

스포츠 경기를 관람할 때 주류는 빠지지 않는 단골손님입니다. 특히 맥주는 더 그렇습니다. 2022년 11월 27일 파이낸셜 타임스에 따르면, 투자은행 번스타인은 대형 토너먼트를 개최한 국가의 맥주 매출이 평균 1.4% 증가한다고 분석했습니다.

카타르 월드컵은 2022년 11월 20일부터 12월 18일까지 열렸습니다. 그런데 카타르는 경기장에 맥주를 반입하는 것을 금지했습니다. 주류는 한정된 구역에서만 마실 수 있었습니다. 이 때문에 대중 판매는 현장에서 이뤄지지 않았습니다.

그러면 카타르 월드컵 기간에 맥주 소비는 줄었을까요? 전혀 그렇지 않았습니다. 축구를 직접 관람하기 위해 카타르로 가는 팬은 극소수입니다. 절대다수의 축구 팬들은 영상을 통해 월드컵을 맥주와 함께 즐깁니다. 번스타인의 트레버 스털링 음료 부문 애널리스트는 "경기장에서의 맥주 판매 매출은 상대적으로 작은 부분"이라고 전했습니다.

카타르 월드컵을 앞두고 토킹리테일닷컴이 진행한 조사 결과에 따르면, 소비자들 중 70%는 대부분 경기를 집에서 볼 가능성이 높다고 답했습니다. 토킹리테일닷컴은 2022년 월드컵 덕에 겨울 오프 트레이드 off trade 매출이 2019년 대비 13.5% 상승할 가능성이 있다고도 전했습니다. 오프 트레이드란 제품을 구매 후 다른 장소에서 소비하는 것을 의미합니다. 즉, 사람들이 편의점이나 마트에서 맥주를 여러 개 산 뒤

집으로 들고 가서 소비한다는 겁니다.

우리나라에서도 집에서 축구를 관람하는 '집관족'이 크게 늘었습니다. GS25는 카타르 월드컵 한국-우루과이전 당일 맥주 판매가 이전 주 같은 날보다 186.4%나 증가했다고 밝혔습니다. 롯데마트는 월드컵 개막일인 11월 20일부터 27일까지의 주류 전체 매출이 전년 동기 대비 30%가량 늘었다고 전했습니다.

버드와이저 "우승국에 맥주를 드립니다"

안호이저부시 인베브의 핵심 브랜드 중 하나인 버드와이저는 FIFA 카타르 월드컵 후원 브랜드입니다. 그런데 카타르가 경기장에서 맥주를 못 팔게 하면서 난감한 상황에 빠졌었습니다.

이에 버드와이저는 판매하기 위해 창고에 쌓아두었던 맥주 사진과 함께 "우승한 국가가 버드Buds를 얻는다."라는 내용의 트윗을 올렸습니다. 우승국에 맥주를 선물로 준다는 겁니다. 나쁜 소식일지라도 어떻게든 마케팅으로 활용해 보려는 유통 기업의 기지가 엿보이는 대목입니다.

카타르 현장에서 팔 수 있는 맥주는 그리 많지는 않습니다. 다만 이야깃거리가 될 뿐입니다. 안호이저부시 인베브는 글로벌을 무대로 더 많은 제품을 판매하기 위해 월드컵을 후원합니다. 이 기업은 이번에 참가국 수의 두 배가 넘는 70개국 이상의 시장에서 사상 최대 규모의 월드컵 캠페인을 전개했습니다. 이는 2018 러시아 월드컵 당시의 50여 국가보다 크게 늘어난 숫자입니다. 버드와이저는 러시아 월드컵에서도 후원 브랜드 중 하나였습니다.

    카타르 월드컵을 통한 매출 증대가 예견되는 가운데 JP모간은 안호이저부시 인베브에 대한 투자 의견을 비중 축소underweight에서 비중 확대overweight로 변경했었습니다. 2022년 11월 28일 CNBC에 따르면, JP모간의 제러드 딩스 애널리스트는 "안호이저부시 인베브가 미국 내 라이트 비어light beer에 대한 수요 개선으로 이득을 볼 것"이라고 전했습니다. 라이트 비어는 보통 맥주보다 칼로리가 현저히 낮은 맥주를 의미합니다. 그는 또 "미국에서 하드셀처hard seltzer의 수요가 감소하고 있는데, 이는 이 회사에 좋은 징조"라고도 내다봤습니다. 하드셀처는 탄산수에 알코올을 섞고 향미(주로 과일 향미)를 첨가한 술입니다.

20
음악 스트리밍 구독료가 경쟁적으로 싸지고 있다면?

스트리밍 경쟁 과열 → 레이블 협상력 제고 → 수익 안정화

핵심 요약

플랫폼 간 경쟁이 치열해지면, 해당 플랫폼에 제품 혹은 서비스를 제공하는 기업들의 협상력이 높아진다. 플랫폼들이 서로 해당 기업을 유치하기 위해 노력하기 때문이다.

- 워너 뮤직 그룹

글로벌 3대 음반 레이블

우리는 크게 두 부문으로 음악 시장을 구분할 수 있습니다. 콘텐츠 제공자와 유통 플랫폼입니다. 음원 스트리밍 플랫폼 간 더 치열해지는 경쟁은 콘텐츠 제공자에게 좋습니다. 플랫폼과의 협상력이 더 높아지기 때문입니다. 또 플랫폼의 확장은 음원이 더 많은 수요자에게 도달하게도 합니다.

유료 음원 스트리밍 2위 사업자인 애플은 2022년 10월 24일 애플 뮤직의 월 구독료를 9.99달러에서 10.99달러로 인상한다고 발표했습니다. 애플은 "요금 인상은 라이선스 비용 증가 때문이며 결과적으로 아티스트와 작곡가들은 더 많은 돈을 벌게 될 것"이라고 전했습니다.

3위 사업자인 아마존도 음원 스트리밍 경쟁력 강화에 집중하고 있습니다. 2022년 11월 1일 아마존은 프라임 회원들에게 제공되는 음악을 1억 곡으로 확대했다고 전했습니다. 추가 요금은 없습니다. 스티브 붐 아마존뮤직 부사장은 "처음 론칭했을 때 200만 곡을 제공했었다."라고 밝혔습니다.

1위 스포티파이와 2위 애플, 그리고 3위 아마존 간 음원 스트리밍 플랫폼 경쟁은 점점 치열해지는 양상입니다. 이 과정에서 엔터테인먼트·음반 레이블 기업들은 반대급부를 얻게 되었습니다. 플랫폼들이 구독자에게 더 빨리 더 좋은 음원을 제공하기 위해 노력할수록, 아티스트들과 그들의 작품은 더 높은 가치를 인정받을 수 있기 때문입니다.

재주는 스트리밍이 부리고, 돈은 워너 뮤직이 챙긴다

워너 뮤직 그룹은 세계 3대 음반 레이블 중 하나입니다. 국제음반산업협회IFPI에 따르면, 전 세계적으로 음악 산업 매출의 60% 이상이 스트리밍 서비스를 통해 나오고 있습니다. 2022년 말 경기가 둔화되자 사람들의 소비 지출이 감소하면서 스트리밍 구독을 취소할 것이라는 우려가 나왔습니다. 하지만 워너 뮤직 그룹은 회계연도 2022년 4분기(9월 30일 종료)에 호실적을 기록했습니다.

당시 실적은 이렇습니다. 분기 매출은 전년 동기 대비 9% 증가한 14억 9,700만 달러였습니다. 저작권이 포함된 뮤직 퍼블리싱 부문의 매출은 전년 동기 대비 24% 증가했습니다. 레코드 뮤직 부문의 매출은 6% 증가했습니다. 영업이익은 무려 전년 동기 대비 63% 증가한 1억 6,300만 달러를 기록했습니다. 주목할 점은 음악 스트리밍 사업의 성장세입니다. 뮤직 퍼블리싱 부문의 매출이 크게 증가할 수 있었던 이유는 스트리밍 서비스 산업이 빠르게 성장하면서 저작권 수입이 늘었기 때문입니다.

유료 음원 구독 서비스 시장의 규모는 계속 커지고 있습니다. 미국음반산업협회RIAA에 따르면, 2017년 3,530만 달러였던 미국 시장 규모는 2021년 8,400만 달러로 성장했습니다. 음원 스트리밍 서비스는 영화나 드라마 같은 영상 콘텐츠 구독에 비해 상대적으로 요금이 저렴합니다. 구독자 기반이 안정적이며, 이탈률도 상대적으로 낮습니다. 당시 투자은행도 워너 뮤직 그룹을 긍정적으로 평가했습니다. 2022년 10월 11일 골드만삭스의 애널리스트는 "워너 뮤직 그룹이 불황기에도 탄력적으로 성장할 수 있다."라고 평가했습니다.

21
물건 보관할 곳을 찾기 힘들다면?

금리 상승 → 수요 감소로 재고 증가·신규 창고 건설 감소
→ 물류 보관 비용 상승

> **핵심 요약**
>
> 금리가 높아지면 비용 문제로 건설 프로젝트는 주춤한다. 창고도 마찬가지. 물건 보관 장소의 공급이 감소하게 되는 것이다. 그럼에도 기업들의 재고가 늘게 된다면, 물류 보관 비용은 빠르게 상승할 수밖에 없다.

- 프로로지스
- 퍼블릭 스토리지
- 엑스트라 스페이스 스토리지
- 라이프 스토리지
- 렉스포드 인더스트리얼 리얼티
- 큐브스마트

고금리가 보관 비용에 미치는 영향

2023년 2월 13일 CNBC는 미국 내 물류 보관 비용이 상승하고 있다고 보도했습니다. 웨어하우스쿼트WarehouseQuote의 크리스 휴왈트 부사장은 "전국의 창고와 물류창고 가용량이 낮은 상태에 머무르고 있다."라며 "당분간 공간에 대한 수요가 공급을 웃도는 타이트한 상황이 이어질 것"이라고 언급했습니다.

왜 이와 같은 현상이 벌어졌을까요? 먼저 신규 시설의 공급이 줄었습니다. 2022년 연방준비제도Fed는 공격적인 긴축 정책을 펼치며 금리를 계속해서 높였습니다. 고금리로 인해 비용 부담이 커지고 자금 유치가 어려워지자, 산업 건설 착공도 줄어들게 되었습니다. 창고나 물류센터의 신규 건설도 미뤄졌습니다.

그런데 반대로 수요는 빠르게 증가했습니다. 소비가 살아나는 데 주목했던 소매업체들이 재고를 늘렸기 때문입니다. 재고가 늘면 당연히 보관할 공간이 더 필요합니다. 전자상거래가 활발해질수록 물류 업체들도 더 많은 창고를 써야만 합니다. 보관 공간은 줄고 맡길 물건이 늘면서 보관 비용은 높아지게 된 것입니다.

물류 중심지 남부 캘리포니아

월스트리트에는 다양한 산업 리츠가 상장해있지만, 그중 캘리포니아 남부 지역에 뿌리를 둔 렉스포드 인더스트리얼 리얼티를 살펴봅시다. 남부 캘리포니아는 물류창고 이용료가 이미 높은 수준을 기록하고 있을 만큼 수요가 많은 지역입니다. 이미 공급자 우위의 시장이 형성되어 있다는 의미입니다. 물류창고 이용료가 상승할 경우 렉스포드는 가장 큰 수혜를 기대할 위치에 있는 것입니다.

남부 캘리포니아에는 미국에서 가장 큰 규모를 자랑하는 로스앤젤레스 항구와 롱비치 항구가 있습니다. 이 항구들은 미국 내에서도 물동량이 풍부한 것으로 유명합니다. 그 덕분에 물류창고에 대한 수요가 매우 높고, 이는 낮은 공실률에서 드러납니다. 글로벌 종합 부동산 서비스 기업 CBRE가 2022년 12월 발간한 보고서를 보면, 이 항구들 근처의 공실률은 2022년 2분기 기준 0.2%를 기록해 세계 최저 수준을 나타냈습니다. 미국에서 두 번째로 큰 규모를 자랑하는 로스앤젤레스 카운티의 공실률은 0.6%였습니다.

이처럼 강력한 수요 덕분에 렉스포드는 도전적인 사업 환경 속에서도 호실적을 기록했습니다. 렉스포드는 2023년 2월 8일 회계연도 2022년 4분기(2022년 12월 31일 종료) 실적을 발표했습니다. 매출은 1억 7,859만 달러를 기록해 전년 동기 대비 34.6% 늘어난 것으로 나타났습니다. 순이익 역시 성장세를 유지했습니다. 이 기간 순이익은 전년 동기 대비 17.1% 증가한 4,072만 달러를 기록했습니다. 2022년 렉스포드의 주요 고객이라고 할 수 있는 물류 업체나 소매업체들이 어려운 시기를 보내며 비용을 줄인 것을 고려하면 고무적인 성과였습니다.

   리츠인 렉스포드는 배당에도 큰 신경을 씁니다. 이 리츠는 2023년 2월 6일 회계연도 2023년 1분기에 주당 0.38달러의 배당금을 지급할 것이라고 밝혔습니다. 이는 회계연도 2022년 매 분기 지급한 배당금인 0.315달러에 비해 상향 조정된 수준입니다. 렉스포드는 오랜 기간 꾸준히 배당금을 높여왔습니다.

22

가격을 올려도
먹고 싶은 음식이라면?

물가 상승 → 음식 가격 인상
→ 원재료 가격 하락 → 레스토랑 마진 개선

> **핵심 요약**
>
> 물가가 오르면, 레스토랑은 메뉴의 가격을 올린다. 그런데 이후 원재료 가격이 떨어지더라도 그 가격은 유지된다. 이는 레스토랑의 마진에 긍정적인 영향을 미친다.

- 치포틀레 멕시칸 그릴
- 염 차이나 홀딩스
- 다든 레스토랑
- 레스토랑 브랜즈 인터내셔널
- 맥도날드

가격을 올렸는데 원재료비가 낮아졌다?

2022년 물가가 오르자 레스토랑 기업들은 여러 차례 가격을 인상했습니다. 그리고 2023년 1월 말 음식에 쓰이는 여러 원재료 가격이 하락세를 보였습니다. 그러자 월스트리트에서는 레스토랑 섹터에 주목해야 한다는 의견이 나왔습니다. 이미 판매 가격을 높인 상태에서 비용이 줄면 수익성이 즉각 높아질 수 있었기 때문입니다.

당시 미국 농무부의 자료를 보면, 2022년 12월 닭 날개 평균 도매가격은 파운드당 89센트를 나타냈습니다. 2021년 5월 3.25달러로 정점을 찍은 후 꾸준히 가격이 하락한 것입니다. 버터의 가격도 한 달 만에 16% 가까이 폭락했었습니다.

레스토랑 체인 음식에 대한 수요는 높게 유지되었습니다. 경기가 둔화되면서 상대적으로 저렴한 음식을 찾는 사람이 늘었기 때문입니다. 당시 애널리스트들의 의견도 대체로 일치했습니다. 모건스탠리 애널리스트는 "레스토랑 기업들이 2023년 마진 확대에 더 집중할 것"이라고 밝혔고, 뱅크오브아메리카의 애널리스트는 "2023년에도 소비자 수요는 견조할 것"으로 내다봤습니다. BTIG의 피터 살레 애널리스트는 "인상된 가격을 고려하면 소비자들의 방문은 줄 수 있다."라면서도 "마진이 매우 높을 것이기 때문에 거래가 약간 감소하는 것 정도는 용인할 수 있는 수준"이라고 분석했었습니다.

비싸도 잘 팔리는 부리또

물가 인상 때문에 가격을 높였는데 원재료 가격이 하락하는 일을 마주했다면? 우리는 어떤 종목을 가장 먼저 들여다보아야 할까요? 바로 치포틀레 멕시칸 그릴입니다.

치포틀레 멕시칸 그릴은 강력한 가격결정력을 보유하고 있습니다. 충성도 높은 소비자들 덕분입니다. 이 레스토랑은 인플레이션에 대응해 메뉴 가격을 여러 차례 인상했음에도 불구하고 장사가 잘 되었습니다. 회계연도 2022년 3분기 실적을 보면, 동일점포매출은 전년 동기 대비 7.6% 증가했습니다.

멕시칸 음식은 이탈리안 음식과 함께 미국에서 가장 인기 있는 민족 음식 ethnic food 입니다. 미국인의 절반 이상이 한 달에 한 번 이상 멕시칸 음식을 먹는 것으로 알려졌죠. 나초와 타코, 퀘사디아, 부리또, 엔칠라다 등이 널리 소비되고 있습니다. 미국 전역에는 수만 개의 멕시칸 레스토랑이 있으며, 치포틀레 멕시칸 그릴 외에도 타코벨, 큐도바, 모스 사우스웨스트 그릴, 루비오스 코스탈 그릴 등 많은 레스토랑 체인이 있습니다.

치포틀레 멕시칸 그릴은 사업 호조 속에서 미래 성장을 위한 투자도 아끼지 않고 있습니다. 공격적으로 사업을 확대하는 겁니다. 일례로 치포틀레 멕시칸 그릴은 2023년 1월 26일(현지 시간) 직원 1만 5,000명을 신규 채용하겠다고 발표했습니다. 주력 제품인 부리또의 매출이 늘어나는 3~5월 성수기를 앞두고 충분한 인력을 확보하겠다는 것이었습니다. 당시 월스파고의 재커리 파뎀 애널리스트는 "드라이브스루 서비스인 치폴레인과 로열티 프로그램 등 다양한 수단을 통해 소비자들을 끌어들이고 있다."라고 평가했습니다.

23
시진핑 국가주석의 3연임이 확정됐다면?

시진핑 3연임 → 미중 갈등 심화 → 미국 기업의 중국 사업 위축

> **핵심 요약**
>
> 시진핑 주석이 3연임하게 됐다. 1인 독재 체제를 공고히 하기 위해선 이념과 사상에 더 집중해야 한다. 이는 중국과 미국 간 갈등이 더 첨예해진다는 의미다. 중국에서 활동하는 미국 기업들의 지정학적 리스크는 더 심화되며, 이는 기업 가치에 즉각적으로 반영된다.

- 맥도날드
- 스타벅스
- 치폴레 멕시칸 그릴
- 얌! 브랜즈

시진핑이 연임하는 것이 왜?

2022년 10월 22일 중국 시진핑 국가주석의 3연임이 사실상 확정됐습니다. 당시 공개된 차기 공산당 중앙위원회 위원 200여 명 명단에 시진핑 주석의 이름이 오른 것입니다. 이들은 5년간 당을 더 이끌게 될 터였습니다. 이로써 시 주석은 10년 집권에 이어 최소 5년 더 집권하게 됐습니다. 반면 중국 권력 서열 2위인 리커창 총리는 중앙위원 명단에서 배제됐습니다.

중국은 1당 독재 체제를 유지하면서도 지도자 한 명에 대한 집중을 막기 위해 7인 상무위원 시스템을 운영해 왔습니다. 이 7인 시스템은 복수의 파벌로 구성되어 왔습니다. 그러나 새로운 상무위원은 모두 시진핑의 측근들로 전면 배치된 것으로 전해졌습니다. 시진핑 1인 지배 체제가 더욱 강화된 것입니다.

그런데 이 소식이 왜 스타벅스를 비롯한 미국 외식 기업들의 주가를 끌어내린 것일까요? 미국과 중국 간 갈등이 더욱 첨예해지는 와중에 시 주석의 연임이 미국 기업의 중국 비즈니스에 악영향을 줄 것으로 봤던 것입니다. 미국의 글로벌 F&B 기업들은 중국에서 상당한 큰 규모로 사업을 영위하고 있습니다. 그런데 중국 정부가 중화주의를 더 강하게 밀붙일 경우 중국 소비자와 맞닿아 있는 F&B 기업들의 중국 내 퍼포먼스가 단기적으로 저조해질 수 있는 겁니다.

스타벅스 "중국은 매우 중요합니다"

스타벅스의 성장 전략 중 중국은 매우 중요한 위치에 있습니다. 2022년 3분기 실적 자료에 따르면, 미국과 중국에 위치한 매장 수는 전체의 61%입니다. 1만 5,650개는 미국에, 5,761개는 중국에 있습니다.

중국 당국이 팬데믹을 이유로 일부 지역을 봉쇄하자 스타벅스는 즉각 타격을 받았습니다. 스타벅스의 2022년 3분기 중국 매출은 5억 4,450만 달러인데, 이는 전년 동기 무려 40%나 하락한 수치였습니다. 다만 중국 매장 수는 2021년 3분기 5,135개에서 2022년 3분기 5,761개로 12% 증가했습니다.

스타벅스는 2022년 9월 '재창조 전략'을 발표했습니다. 확실한 체질 개선을 달성하겠다는 내용입니다. 이 전략의 핵심 지역은 역시 북미와 중국입니다. 스타벅스는 북미 시장에서 3년 내 매출 성장률 40% 달성하고, 중국에서는 매장을 50% 늘린다는 청사진을 제시했습니다. 그런데 일부 전문가들은 이 청사진에 부정적이었습니다. 가이던스가 지나치게 긍정적이라는 이유에서입니다. 특히 중국에서의 회복이 전략의 핵심인데, 이 국가 내 음료 시장 경쟁은 치열해져 가고 있습니다. 당시 스티펄의 크리스 오컬 애널리스트는 "2022년 내내 봉쇄 조치가 이어져 왔다는 점을 고려하면, 재창조 전략에서 제시된 계획이 이행될 수 있을지 모르겠다."라고도 언급했습니다.

이런 상황에서 시진핑 주석의 연임 소식이 스타벅스에는 악재로 작용했던 겁니다. 이미 미국은 중국 의존도 낮추기에 드라이브를 걸고 있었습니다. 당시 애플은 아이폰 14를 인도에서 생산하는 등 행동에 나서고 있었습니다.

    이런 상황에서 월스트리트저널의 한 표현을 들여다볼 필요가 있습니다. 이 매체는 2022년 10월 19일 시진핑 연임을 예고하며 "장기 집권은 미국에 축복"이라고 평가했습니다. 중국 당국이 이념과 사상을 중요시할수록 경제성장은 등한시하게 된다는 것입니다. 그리고 이는 중국이 미국을 경제적으로 추월할 가능성을 현저히 낮추게 됩니다. 하지만 반대로 중국 경제가 주춤하면 스타벅스와 같은 기업들은 해결할 난제가 늘어나게 됩니다.

24

소비자들이 월마트도 부담스러워한다면?

**물가·금리 상승 → 가처분 소득 감소
→ 저가 필수 소비재 소비 증가 → 달러 스토어 매출 증대**

핵심 요약

물가가 지속적으로 상승하면 중앙은행은 금리를 높인다. 금리가 상승하면 주식, 채권, 부동산 등의 자산의 가치는 하락한다. 사람들의 소비 여력은 감소하며, 이로 인해 저가의 필수 소비재는 더욱 잘 팔리게 된다.

- 달러 제너럴
- 달러 트리
- 월마트
- 코스트코
- 타겟

저축률이 떨어지고, 신용카드 사용은 늘고

월마트, 코스트코, 달러 제너럴, 그리고 달러 트리의 공통점은 무엇일까요? 낮은 가격입니다. 물가가 상승하면 사람들은 '더 싼 제품'에 많은 관심을 둡니다. 팬데믹 이후 보복 소비가 전면에 등장했지만, 이 현상은 오래가지 못했습니다. 물가와 금리가 동반 상승하면서 사람들의 가처분 소득이 빠르게 감소한 탓입니다. 역逆 자산효과도 나타났습니다. 가파른 금리 인상은 주식과 채권, 부동산의 가치를 모두 끌어내리기 때문입니다. 자산 가치가 하락하면 차입 여력도 감소해 사람들은 소득이 유지되더라도 소비를 줄이게 됩니다.

차입에 대해 더 자세히 살펴봅시다. 사람들은 빚에 의존해 소비를 이어가곤 합니다. 연방준비은행에 따르면, 2022년 3분기 가계부채는 전 분기 대비 2.2% 늘어난 16조 5,100억 달러를 기록했습니다. 이는 2007년 이후 분기 기준 가장 큰 폭의 부채 증가율입니다. 특히 가장 가파르게 증가한 항목은 신용카드 잔액(15%)입니다. 이는 20여 년만의 최대 상승 폭입니다.

가계 저축률은 떨어지게 됩니다. 미국의 2022년 10월 가계 저축률은 2.3%로 나타났습니다. 2005년 이후 가장 낮은 수치입니다. 팬데믹 기간에 이 저축률은 33%까지 치솟은 바 있습니다. 종합해 보면, 저축이 바닥을 드러내자 소비자들이 신용카드 사용량을 늘린 겁니다.

싼 것! 더 싼 것!

소비 둔화를 넘어 소비 절벽이 온다고 해도 힘을 발휘할 기업은 있기 마련입니다. 할인 업체 달러 제너럴과 달러 트리가 그들입니다. 달러 스토어로 불리는 이들은 '미국판 다이소' 혹은 '천 원 숍'으로 이해하면 편합니다.

먼저 달러 트리부터 살펴봅시다. 달러 트리는 2014년 동종업계의 패밀리 달러를 85억 달러에 인수했습니다. 이로써 달러 스토어 부문에서는 1위 달러 제너럴과 2위 달러 트리 간 양강 경쟁 구도가 형성되었습니다. 달러 트리는 패밀리 달러의 브랜드를 유지하고 있습니다. 또 두 가게가 한 장소에 있는 콤보 스토어 Combo stores도 운영하고 있습니다. 이는 고객에게 더 다양한 제품을 저가로 공급하기 위한 전략입니다. 마치 현대자동차와 기아자동차의 관계라고 볼 수 있습니다.

달러 트리의 특징은 월마트와 비교하면 더 명확하게 다가옵니다. 월마트는 어마어마한 크기의 매장을 운영합니다. 고객들은 차량을 몰고 와 한 번에 많은 제품을 구매합니다. 반면 달러 트리는 동네 단위까지 진입해 있습니다. 고객들은 필요한 것이 있을 때마다 가볍게 매장에 들려 물건을 조금만 삽니다. 원하는 것보다 필요한 것을 사야 하는 시기에 달러 트리의 비즈니스 모델은 더 잘 구동하게 됩니다. 월마트도 저가형 상품 덕에 소비 감소에도 안정적인 퍼포먼스를 보입니다만, 달러 트리는 그보다 더 방어적인 포지션에 있습니다.

이번엔 달러 제너럴을 보겠습니다. 이 미국의 달러 스토어는 필수 소비재로 분류되는 소모품 판매에 집중합니다. 청소용품, 위생용품, 식료품, 과자 등이 이에 해당합니다. 2022년 3분기 실적 기준 소비재Consumables의 매출 비중은 80.98%에 달합니다. 이는 달러 트리(46.2%)보다 매우 높은 수치입니다. 소비가 급격히 감소했던 2022년 3분기 달러 제너럴은 전년 동기 무려 11.1% 늘어난 94억 6,489만 달러의 매출을 기록했습니다. 이는 당시 레피니티브의 예상치인 92억 4,000만 달러보다도 상당히 높은 매출입니다.

달러 스토어는 문화적으로도 상당한 의미를 지니고 있습니다. 이 유형의 가게는 선택의 폭이 제한적인 저소득층 커뮤니티에 특히 중요하죠. 이 때문에 달러 스토어는 전국적인 브랜드를 판매할 뿐만 아니라 지역 및 소수민족 커뮤니티에서 인기 있는 제품도 취급합니다. 비판도 있습니다. 일부에서는 달러 스토어가 불우한 이웃을 부당하게 고객으로 다루고 더 건강한 식품에 대한 접근성을 제한한다고 주장합니다. 더 나아가 달러 스토어의 저렴한 가격이 지역 식료품점과 소매업체를 위협하고 있다고도 강조합니다. 이 같은 비판 역시 달러 스토어의 특별한 경쟁적 위치를 방증한다고 볼 수 있습니다.

25

중국으로 떠나는 여행자가 늘었다면?

중국 리오프닝 → 중국 여행 증가
→ 여행 플랫폼 매출 상승 → 트립닷컴 특히 수혜

● **핵심 요약**

팬데믹으로 빗장을 걸었던 중국 당국이 국경을 다시 열면 여행 수요가 폭증한다. 중국으로의 여행이 증가하면 비행기·숙박 예약 플랫폼 이용 역시 늘어나게 된다. 이는 소프트웨어 기업이기도 한 여행 플랫폼 기업들의 매출과 수익성을 크게 개선한다.

- 익스피디아그룹
- 에어비앤비
- 트립어드바이저
- 부킹 홀딩스
- 트립닷컴

빗장 푼 중국

2022년 12월 중국은 굳게 닫았던 문을 열기 시작했습니다. 위드 코로나 정책입니다. 오랜 기간 제로 코로나로 불리는 강력한 방역 정책을 펼치던 중국은 해외 입국자에 대한 시설 격리 조치를 없애고 방역 요구 사항도 간소화했습니다. 노선 운영과 좌석 점유율을 제한했던 항공 운행 정책도 대폭 완화했습니다.

이 덕분에 여행업계는 다시 활기가 돌기 시작했습니다. 씨트립인터내셔널CTrip International에 따르면, 중국 당국에서 위드 코로나 전환을 발표한 후 30분 만에 외국 관광지 검색이 10배 증가했고, 특히 설 연휴 기간의 해외여행 예약은 전년 대비 260% 증가했습니다.

중국 리오프닝의 최대 수혜주

트립닷컴은 전 세계적으로 사업을 영위합니다. 특히 그 기반을 중국에 두고 있습니다. 중국 리오프닝의 최대 수혜주로 트립닷컴이 꼽혔던 이유입니다.

팬데믹이 끝나가자 트립닷컴의 실적도 좋아졌습니다. 2022년 3분기 트립닷컴은 전년 동기 대비 29% 증가한 9억 6,900만 달러의 매출을 달성했습니다. 이 3분기 매출은 직전 분기보다 72%나 늘어난 수치이기도 합니다. 특히 글로벌 플랫폼 매출은 전년 동기 대비 100% 이상 급증했습니다. 해외여행 수요가 그만큼 증가했다는 의미입니다.

중국이 리오프닝에 시동을 걸자 시장은 트립닷컴이 2023년에 더 좋은 실적을 올릴 것이라고 내다봤습니다. 상하이에 본사를 둔 트립닷컴은 중국에서 최대 규모의 영업망을 구축하고 있기 때문입니다. 당시 트립닷컴 경영진은 "국내외 여행 수요가 팬데믹 이전 수준으로 회복되면 영업이익률은 20~30% 수준까지 회복될 수 있다."라고 언급하기도 했습니다.

26
베드 배스 & 비욘드가 파산한다면?

베드 배스 & 비욘드 파산 → 경쟁사 고객 유입 증가
→ 시장 점유율 확대

> **핵심 요약**
> 소비자들은 여러 매장 중 선호하는 곳을 선택해 방문한다. 그리고 특정 기업의 파산은 소비자의 선택지를 줄이게 된다. 결국 경쟁사는 단기적으로 추가적인 고객을 확보하게 된다. 그리고 추가적인 시장 진입자가 없다면, 이들은 과거보다 더 높은 시장 점유율을 오랜 기간 유지할 수도 있다.

- 달러 제너럴
- 타겟
- 월마트
- 코스트코 홀세일

베드 배스&비욘드의 파산 경고

2023년 1월 5일, 베드 배스&비욘드가 파산을 고려하고 있다고 전했습니다. 이 미국의 기업은 "회사가 기업으로서 존속할 수 있을지에 대한 의구심이 있다."라고 밝혔습니다. 이어 "현금이 현재 충분하지 않다."라고 하며 "구조조정, 추가 자본 조달 등 다양한 방법을 고려하고 있으며 파산신청도 그중 하나"라고 설명했습니다. 베드 배스&비욘드의 주주에게는 그야말로 충격적인 소식이었지만, 다른 어떤 기업의 주주들은 미소를 숨길 수 없었습니다. UBS의 마이클 래서 애널리스트는 "베드 배스&비욘드의 미래에 대한 의구심이 드는 상황에서 나온 파산신청 보도는 다른 소매업체들이 더 높은 점유율을 차지할 수 있는 기회"라고 언급했습니다.

1971년 설립된 이 기업은 가정용품을 주로 판매하는 베드 배스&비욘드 브랜드뿐 아니라 유아용품 판매점인 바이바이베이비, 뷰티 제품 판매점 하몬 헬스앤뷰티 등 다양한 브랜드를 보유하고 있습니다. 베드 배스&비욘드는 AMC, 게임스탑 등과 같이 대표적인 밈 주식 중 하나입니다. 밈 주식이란 온라인에서 입소문을 타며 개인 투자자들이 몰리는 주식을 뜻합니다.

파산 수혜 1순위는 월마트와 타겟

래서 애널리스트는 베드 배스&비욘드가 파산하게 된다면 월마트와 타겟이 가장 많은 추가 점유율을 획득할 수 있을 것으로 내다봤습니다. 베드 배스&비욘드 매장 79%는 월마트와 10분 거리 내에 있습니다. 즉, 베드 배스&비욘드가 매장을 닫으면 월마트는 이 매장으로 가던 고객들을 유치할 수 있게 된다는 의미입니다. 애널리스트는 "이 같은 일이 현실화되면 월마트는 올해 미국 사업에서 0.35~0.4%포인트의 추가적인 성장률을 얻을 수 있다."라고 언급했습니다. 타겟 역시 비슷한 반사이익을 누리게 될 것입니다.

또 UBS는 월마트와 타겟뿐만 아니라 달러 스토어, 창고형 매장, 백화점 등의 점유율도 상승할 수 있다고 봤습니다. 베드 배스&비욘드가 차지했던 점유율은 경쟁업체들이 나눠 갖게 된다는 겁니다.

이 베드 배스&비욘드의 사례를 보면, 우리는 특정 기업의 어려움에서 기회를 포착해 낼 수 있습니다. 경쟁 시장이기 때문입니다. 누군가의 도약은 누군가의 위기로 연결되며, 반대로 누군가의 위기는 누군가의 발판이 될 수 있다는 겁니다. 따라서 우리는 투자하는 기업과 그 경쟁자에 대해 좀 더 주의를 기울일 필요가 있습니다.

27
UN에서 기후보고서가 나왔다면?

**6차 기후보고서 발간 → 온난화 위기감 증대
→ 긴급 대응 필요 → 신재생 에너지 부각**

핵심 요약

국제기구의 환경 관련 보고서는 각국 정부의 정책 방향에 핵심 참고 자료가 된다. 특히 기후 변화에 대한 부정적인 보고서는 정부가 신재생 에너지 정책에 드라이브를 걸게 한다. 사회·정치적으로 에너지 문제가 더 부각될수록 태양광 관련 기업들은 더 우호적인 사업 환경을 마주하게 된다.

- 인페이즈 에너지
- 퍼스트 솔라
- 솔라에지 테크놀로지스
- 넥스트래커
- 선런

"기후 변화는 인간의 책임"

더웠다가 하루 만에 기온이 뚝 떨어지거나, 스콜처럼 폭우가 쏟아졌다가 한순간에 비가 그치는 등 날씨가 변덕스럽다고 느낄 때가 있습니다. 기후 위기는 우리가 일상에서 체감할 수 있을 정도로 가까운 현실이 되었습니다. 그리고 해가 갈수록 심각해지는 환경 문제에 많은 전문가들은 입을 모아 조속한 대응이 필요하다고 이야기합니다. 기후 변화에 관한 정부 간 협의체인 IPCC와 같은 국제기구가 출범한 이유이기도 합니다. 세계기상기구WMO와 유엔환경계획UNEP이 설립한 IPCC에는 195개 국가가 회원으로 참여하고 있습니다.

IPCC는 1990년 1차 보고서를 시작으로 현재까지 주기적으로 기후 변화 보고서를 발간하고 있습니다. 그리고 보고서 차수가 늘어날 때마다 인간이 기후 변화의 원인 제공자라는 점이 부각되고 있습니다. 1차 보고서까지만 해도 과학자들은 기후 변화를 두고 이것이 인간의 영향인지 확신할 수는 없다는 견해를 보였습니다. 그러나 이제는 명백하게 인간의 책임이라는 데 의견이 모아졌습니다. 이 같은 내용이 포함된 6차 보고서가 2023년 3월 20일 열린 총회에서 만장일치로 통과됐습니다.

산업화 이전 대비 지구의 온도는 1.1도 상승했습니다. 그리고 이 온도 상승은 자연재해와 식량난을 유발했습니다. 2018년 IPCC는 파리협정(2015년 체결)에 따라 기온 상승을 1.5도 아래로 방어해야 한다고 강조했습니다만, 이후에도 온실가스 배출이 계속 늘면서 이제 이 목표를 달성하기는 더욱 어려워졌습니다.

과학자들이 말하는 기후 변화의 주된 원인은 화석연료입니다. 인류는 100년 넘게 이 화석연료를 대규모로 소비해왔습니다. 그리고 이제는 더는 화석연료에 크게 의존해서는 안 된다는 경각심이 매우 높아졌습니다. 그리고 시선은 신재생 에너지로 향해 있습니다.

미국 1위 태양광 기업 인페이즈

인페이즈 에너지는 미국 증시에 상장된 태양광 기업 중 하나입니다. 시가총액은 분야 1위에 해당합니다. 인페이즈 에너지는 가정용 및 상업용 태양광 에너지 솔루션을 제공하고 있습니다.

2022년 3월 20일 IPCC의 6차 보고서가 나온 날 한 투자은행의 애널리스트는 인페이즈 에너지에 대한 긍정적인 의견을 내놨습니다. 레이몬드 제임스의 파벨 몰차노브 애널리스트는 인페이즈 에너지에 대한 투자 의견을 '시장 수익률'에서 '시장 수익률 상회'로 상향 조정했습니다. 목표주가를 225달러로 제시한 그는 인페이즈 에너지의 성공적인 유럽 진출을 긍정적인 평가의 이유로 제시했습니다. 2021년 인페이즈 에너지의 매출에서 유럽이 차지하는 비중은 14%였습니다. 그런데 이 비중이 2022년 19%로 크게 증가했습니다. 이 기업은 2023년에 이 비중을 25% 이상으로 늘린다는 계획도 밝혔습니다.

　미국의 태양광 기업이 유럽에 안착하는 일은 사업적으로 큰 의미가 있습니다. 유럽은 전 세계에서 가장 진취적인 신재생 에너지 정책을 펼치는 주체이기 때문입니다. 유럽은 2035년부터 내연기관 차량의 신규 판매를 금지하는 법안을 통과시켰습니다. 또 우크라이나-러시아 전쟁으로 인한 천연가스 수급 문제를 겪은 뒤 에너지 안보에 대한 관심이 크게 높아지기도 했습니다.

　시간이 흐를수록 지구의 환경 문제는 더 첨예한 사회·정치적 이슈가 될 것은 명확합니다. 그리고 그 과정에서 정책은 태양광 기업들에 우호적으로 진보해 나갈 것입니다. 주요 국제기구의 보고서는 각국 정부와 관련 기업의 전략에 상당한 영향을 미치게 될 것입니다.

28

자율주행차가 불티나게 팔린다면?

자율주행차 발전 → 라이다 기술 경쟁 → 기술 우위 기업이 대량 생산 시스템 구축 → 매출·마진 동시에 상승

핵심 요약

자율주행 기술이 단계적으로 발전하면서 관련 부품에 대한 수요도 급증하게 된다. 특히 자율주행차의 눈에 해당하는 라이다 시장은 빠르게 성장하고 있다. 중국은 전기차에 이어 자율주행차 산업에서도 전 세계 시장을 선도하기 위해 자금을 쏟아붓고 있다. 그리고 중국의 라이다 기업은 우호적인 환경 아래에서 빠르게 성장하고 있다.

- 아우스터
- 루미나 테크놀로지스
- 헤사이 그룹

자율주행차의 눈 '라이다'

자율주행차를 만들기 위해서는 다양한 요소가 필요합니다. 자동차 스스로 현재 어느 위치에 있는지 인지해야 하고, 출발할지 멈출지 판단해야 하며, 이러한 판단에 따른 명령을 내려야 합니다.

이 중 자율주행차의 눈에 해당하는 기술이 라이다LiDAR입니다. 라이다는 외부에 레이저 펄스를 쏜 뒤 레이저가 주변 사물에 부딪힌 후 돌아오는 시간을 통해 사물의 위치와 속도, 방향 등을 인식하는 센서 기술입니다. 자율주행차의 핵심 요소로 꼽힙니다.

자율주행차 시장이 확대되면서 라이다 시장도 성장하고 있습니다. 시장조사기관 리포트링커ReportLinker가 2023년 1월 발표한 자료에 따르면, 글로벌 라이다 시장은 2028년 35억 달러 규모로 성장할 것으로 전망됩니다. 2022년부터 2028년까지 연평균 성장률CAGR은 18.4%로 추정됩니다.

특히 중국은 라이다 시장을 선도할 핵심 국가입니다. 중국 기업들은 대량 생산 시설을 구축하고 있습니다. 2022년 8월 시장조사기관 욜 그룹Yole Group에 따르면, 2022년 전 세계 ADAS 시장에서 중국의 라이다 공급업체가 차지한 시장 점유율은 50%에 달합니다.

중국의 리더 헤사이

그렇다면 중국의 레이다 기업 중 리더는 누구일까요? 헤사이는 3차원 광 감지·거리 측정 기술로 자율주행 시스템에 필요한 라이다 센서를 만들고 있습니다. 2023년 2월 9일 헤사이는 미국 증시에 상장했습니다. 상장 직후 이 기업의 주가는 11% 급등하기도 했습니다. 미국 상장으로 헤사이는 1억 9,000만 달러를 조달했습니다. 미국에 상장한 중국 기업이 조달한 금액 중에는 최상위권에 포함됩니다.

투자은행 업계는 헤사이의 성장 가능성을 높게 평가하고 있습니다. 2023년 3월 모건스탠리의 팀 샤오 애널리스트는 "스마트 EV 보급률이 증가하면서 중국에서 라이다 도입이 가속화되고 있다."라며 "라이다 솔루션의 선두 주자인 헤사이가 이익을 얻을 것으로 본다."라고 언급했습니다.

2022년 헤사이는 전년 대비 473% 증가한 8만 대의 라이다 장치를 납품한 바 있습니다. 사업의 확장 속도가 매우 빠르다는 겁니다. 또 헤사이는 높은 마진을 달성하고 있습니다. 이 기업은 자체 라이다에 탑재되는 주문형 반도체ASIC를 통해 제조공정의 복잡성을 줄이고 비용도 절감하고 있습니다. 제품에 최적화된 반도체로 가격 대비 성능을 최대한 끌어올린 겁니다.

강력한 파트너십 파이프라인도 헤사이의 장점입니다. 이 중국의 기업은 리오토, 상하이자동차, 지두, 샤오미 등 여러 중국 기업과 깊은 관계를 형성하고 있습니다. 팀 샤오 애널리스트는 "2030년까지 중국이 전 세계 라이다 시장 점유율 50%를 차지할 것"이라며 "위와 같은 강점들을 바탕으로 헤사이는 중국 라이다 시장을 이끌 것"이라고 전했습니다.

29

슬램덩크가 다시 신드롬을 일으킨다면?

슬램덩크 영화 흥행 → PPL 상품 노출 → 브랜드 가치 향상 → 3040 세대의 강력한 소비

> **핵심 요약**
>
> 유행은 돌고 돈다. 그리고 과거 한때를 풍미했던 콘텐츠의 귀환은 때로는 아주 큰 반향을 일으키기도 한다. <더 퍼스트 슬램덩크>는 과거 슬램덩크에 열광했던 3040 세대의 향수를 불러일으켰다. 그리고 마침내 그들이 닫혔던 지갑도 열게 했다.

- 나이키
- 룰루레몬 애슬레티카
- 올버즈
- 풋락커

다시 돌아온 슬램덩크

3040 세대 추억의 만화, 슬램덩크가 다시 돌아왔습니다. 2022년 12월 3일 일본에서 개봉한 애니메이션 영화 〈더 퍼스트 슬램덩크〉가 일본뿐 아니라 한국에서도 크게 흥행했습니다. 영화에 나오는 스포츠 브랜드도 큰 주목을 받았습니다. 작중 인물이 신은 농구화 브랜드인 아식스, 컨버스, 그리고 나이키는 특히 더 스포트라이트를 받았습니다.

이들 브랜드는 영화에 간접광고PPL를 실었습니다. 단순히 운동화 디자인과 로고만을 노출하는 것이 아니라 매장에 영화 포스터를 붙이면서까지 적극적으로 나섰습니다. 노림수는 분명했습니다. 효율적인 마케팅을 통해 브랜드 인지도를 높이고 소비자들을 끌어들이는 겁니다.

스포츠 브랜드들은 앞다퉈 브랜드 가치를 높이기 위해 공격적인 마케팅을 하고 있습니다. 경기가 둔화되더라도 브랜드 가치가 높아지면, 매출의 하방 압력을 어느 정도 방어할 수 있기 때문입니다.

나이키의 조던

모르는 사람이 없다고 해도 과언이 아닌 1등 스포츠 브랜드는 나이키입니다. 이 미국의 기업은 모든 소매업체가 힘든 시기를 보냈던 2022년과 2023년에도 선방하는 모습을 보였습니다. 특히 조던 레트로의 인기는 주목할 만합니다. 조던 레트로는 탄탄한 팬덤을 보유한 조던 시리즈의 클래식 디자인을 살린 라인업입니다. 당시 로이터는 "조던 레트로에 대한 견조한 수요가 나이키 매출 증가로 이어졌다."라고 평가한 바 있습니다.

나이키의 힘은 숫자로 증명됩니다. 나이키의 회계연도 2023년 3분기(2023년 2월 28일 종료) 실적을 예로 들어보겠습니다. 분기 매출은 전년 대비 14% 증가한 123억 9,000만 달러였습니다. 그리고 이 수치는 레피니티브가 집계한 예상치 114억 7,000만 달러를 상당히 상회했습니다. 나이키가 강력한 브랜드 가치를 기반으로 견조한 수요를 유지했다고 해석할 수 있습니다. 실적 발표 당시 구겐하임의 로버트 드불 애널리스트는 "나이키가 강력한 소비자 트렌드를 주도하고 있다."라며 "브랜드 모멘텀이 회계연도 2024년까지 이어질 것"이라고 전했습니다. 텔시 어드바이저리 그룹의 크리스티나 페르난데스 애널리스트 역시 "나이키는 대형 브랜드 중 최고의 모멘텀을 보유하고 있다."라고 평가했습니다.

나이키는 마케팅을 가장 잘하는 글로벌 기업 중 하나입니다. 그리고 대표적인 사례가 'Just Do It' 캠페인이죠. 'Just Do It' 캠페인은 1988년 시작돼 지금도 이어지고 있습니다. 이 캠페인은 나이키의 트레이드 마크 슬로건이자 전 세계에서 즉시 알아볼 수 있는 태그 라인이 되었습니다. 'Just Do It'은 나이키를 운동선수와 높은 성취를 이룬 사람들을 위한 브랜드로 묘사했습니다. 이 캠페인은 결단력, 근성, 역경 극복과 같은 개념을 구체화했습니다. 이러한 열망과 영감을 주는 메시지는 운동선수와 비운동선수 모두에게 공감을 불러일으켰습니다. 나이키의 라이벌인 리복은 자체적으로 'Just Done It' 캠페인을 시작하기도 했는데, 이는 나이키의 마케팅이 얼마나 영향력이 있었는지 보여줍니다. 하지만 리복의 어설픈 모방은 나이키가 동기 부여와 권한 부여를 위한 진정한 브랜드라는 것을 확인시켜 주었을 뿐입니다.

30
너도나도 챗GPT를 만들고 싶다면?

챗GPT가 증명한 AI 서비스의 가능성 → 기업들의 AI 개발 열풍
→ 컴퓨팅 파워 니즈 증가 → GPU 수요 상승
→ 엔비디아의 기업 가치 제고

● 핵심 요약

챗GPT로 인해 AI 서비스에 대한 기업과 대중의 관심이 증폭됐다. 그리고 빅테크와 스타트업 모두 생성형 AI 서비스를 개발하기 위해 자금을 쏟아부었다. 이 과정에서 GPU의 수요는 증가했으며, 엔비디아는 AI 서비스를 위한 종합 솔루션 기업으로 발돋움하기 위해 전략적인 행동에 나섰다.

- 엔비디아
- TSMC
- 마이크로소프트
- 알파벳

AI 러시 시대

골드러시 시대의 일입니다. 제임스 W. 마셜이 1848년 금을 발견하자 수많은 광부들이 캘리포니아로 몰렸습니다. 그리고 이들에게 삽과 곡괭이를 파는 상인도 등장했습니다. 채굴 장비에 대한 수요가 커지자 상인은 공장에 의뢰해 대규모로 삽과 곡괭이를 만들었습니다. 이 과정에서 상인은 큰 수익을 거두었고, 공장도 안정적인 수입원을 확보했습니다. 그리고 금 찾기에 성공한 소수의 광부는 큰 부를 이루었습니다만, 대다수 광부는 결국 빈손으로 돌아갔습니다.

AI 러시 시대에도 골드러시의 패턴이 반복됩니다. 오픈AI와 마이크로소프트, 알파벳을 선두로 수많은 대기업과 스타트업이 탁월한 AI를 발굴하려고 노력하고 있습니다. 이들은 AI 광부입니다. 그리고 엔비디아는 AI에 필수 아이템인 GPU를 파는 상인입니다. TSMC는 엔비디아로부터 주문을 받아 아이템을 만드는 공장입니다. 골드러시 때처럼 소수의 광부와 엔비디아, 그리고 TSMC는 AI 시대의 수혜를 받을 가능성이 매우 높은 그룹에 포함됩니다.

배후의 지배자가 되려는 엔비디아

엔비디아는 GPU에서 대체 불가능한 포지션을 이미 확보했습니다. 그리고 이 포지션을 기반으로 AI 영역에서 절대적인 존재가 되기 위한 길을 걷고 있습니다. 그 중심에는 엔비디아 DGX 플랫폼이 있습니다.

DGX 플랫폼은 엔터프라이즈 AI를 위해 설계됐습니다. 쉽게 말하자면, 고객사들은 이 플랫폼 위에서 자신만의 AI 서비스를 만들 수 있습니다. 알파벳이나 마이크로소프트와 같은 빅테크만이 아닌 일반 기업과 스타트업도 AI 서비스를 선보일 수 있다는 겁니다.

하드웨어를 봅시다. DGX H100은 대규모 생성 AI와 기타 변환기 기반 워크로드에서 최적화된 슈퍼컴퓨터입니다. DGX A100은 주류 AI 워크로드를 위한 세계 정상급 성능을 제공하는 AI 슈퍼컴퓨터입니다. 그리고 DGX SuperPOD는 온프로미스와 하이브리드 배포를 위한 AI 인프라입니다. DGX BasePOD는 어떤 섹터의 기업이든 AI 인프라를 쉽고 빠르게 확보할 수 있게 하는 턴키 하드웨어·소프트웨어 구축 서비스입니다.

하드웨어는 원래 강했던 분야입니다. 그리고 엔비디아는 여기에 소프트웨어를 더함으로써 존재감을 더 키우고 있습니다.

DGX 클라우드가 그 중심에 있습니다. GTC 2023에서 공개된 DGX 클라우드는 월 정액 구독 서비스입니다. 클라우드에서의 AI 팩토리인 겁니다. DGX 클라우드는 기업들이 자체 AI 기술을 개발하기 위해 필요한 인프라와 소프트웨어를 클라우드에서 이용할 수 있도록 한 플랫폼입니다. 여기서 구글과 아마존, 그리고 오라클 클라우드에서 제공되는 AI 서비스와 크게 다를 것이 없지 않냐고 물을 수 있습니다. 엔비디아는 하드웨어, 즉 컴퓨팅 파워 제공에서 더 나아가 각 고객에게 맞춤형 AI API까지 만들어 제공해 줍니다. 심지어 엔지니어도 파견해 줍니다. 개발 전반을 모두 지원해 준다고 볼 수 있습니다. 자체 능력의 한계로 AI 서비스 개발에 엄두도 내지 못했던 수많은 기업들에 AI 서비스 구축의 길을 열어준 셈입니다. 그래서 젠슨 황 CEO는 DGX 슈퍼컴퓨터를 AI 팩토리라고 부릅니다.

새롭게 개화되는 AI 시대에 엔비디아의 포지션을 대체할 기업을 찾기 매우 어렵습니다. 이는 엔비디아의 희소성이 더욱 높은 가치를 지니게 된다는 의미입니다. 2023년 1분기 AI 열풍이 불자 2023년 3월 뱅크오브아메리카, 모건스탠리, 씨티그룹, 웰스파고 등 미국 주요 투자은행의 애널리스트들이 일제히 엔비디아의 목표주가를 상향한 이유이기도 합니다.

31

힌덴버그가 공매도 리포트를 낸다면?

**공매도 리서치 기업의 조사 → 공매도 리포트 공개
→ 대부분의 대상 기업 주가 폭락 → 공매도 세력 수익 달성
→ 저가 매수 세력 유입**

● 핵심 요약

공매도 리서치 기업들은 기업 가치가 실제보다 크게 부풀려진 상장 기업들을 찾아다닌다. 이들은 오랜 시간 공들여 깊은 조사와 분석을 단행하며 공매도에 대한 탄탄한 근거를 수집한다. 그리고 이를 리포트 형식으로 대중에 공개한다. 시장이 해당 정보가 타당하다고 판단하면, 기업의 주가는 급락한다. 이를 통해 공매도 리서치 기업은 숏 포지션의 이익을 누린다.

- 블록

힌덴버그의 공격에 무너진 블록

힌덴버그 리서치 Hindenburg Research는 2023년 3월 23일 한 보고서를 냈습니다. 보고서의 긴 제목은 〈Block: How Inflated User Metrics and "Frictionless" Fraud Facilitation Enabled Insiders To Cash Out Over $1Billion〉입니다. 우리말로 바꾸면 대략 이렇습니다.

〈블록: 부풀려진 유저 수 지표와 "마찰 없이" 사기 치기 용이환 환경이 내부자로 하여금 10억 달러를 해먹을 수 있게 했는지에 대한 고찰〉

이른바 공매도 리포트입니다. 힌덴버그 리서치는 "2년에 걸친 조사 결과 블록이 가짜와 중복 계정으로 가득 찬 오해의 소지가 많은 지표를 발표함으로써 캐시앱 Cash App 서비스의 실제 사용자 수를 '난독화' 한 것으로 나타났다."라고 주장했습니다. 또 힌덴버그 리서치는 "블록이 저소득층과 소수자 lower-income people and minorities에게 약탈적 대출을 제공하면서 이익을 누리고 있다."라고 주장했습니다. 사회적인 논란을 불러올 주장도 포함되어 있었습니다. 이 공매도 리서치 기업은 법 집행 기관이 범죄자들이 마약 자금을 보내거나 받을 때, 또 성매매 비용을 처리할 때 캐시앱을 사용했다고 밝힌 법원 문서를 공매도 리포트에 인용했습니다.

블록의 주가는 즉각 반응했습니다. 주가는 공매도 리포트가 나온 3월 23일 14.82% 급락했습니다. 명백한 공매도 리포트의 영향이었습니다. 블록은 이 공매도 세력에 대응했습니다. 이 미국의 핀테크 기업은 공매도 리포트에 대해 "부정확한 내용이 있고, 오해의 소지가 있다."라고 하며 "투자자들을 속이고 혼란스럽게 하기 위해 만들어진 공매도 리포트"라고 반박했습니다. 또 블록은 공매도자에 대한 법적 조치를 검토하고 있다고까지 밝혔습니다.

블록의 강경 대응은 캐시앱이 비즈니스에서 차지하는 비중이 결코 작지 않기 때문입니다. 캐시앱의 월간 활성화 사용자MAU는 2022년 12월 기준 5,100만 명이 넘습니다. 이는 팬데믹 이전 MAU의 두 배가 넘는 수치입니다. 또 2022년 유입액inflows은 2,030억 달러가 넘습니다. 이 수치는 2019년의 약 4배에 달합니다. 블록은 캐시앱을 고객의 주요 은행 창구로 만들겠다고 목표를 세운 바 있습니다.

미국 공매도 리서치의 존재감

한 리서치 기관의 공격이 왜 이렇게 시장에 큰 반향을 일으키는 걸까요? 이들의 조사 결과가 상당히 신뢰할 만하기 때문입니다. 힌덴버그 리서치의 경우에도 상당한 트랙레코드를 쌓아놓고 있습니다. 힌덴버그 리서치는 아다니 그룹과 멀른 오토모티브, 드래프트킹즈, 니콜라 등 유명 기업에 대한 탄탄한 공매도 리포트를 낸 바 있습니다.

우리가 알아둬야 할 공매도 리서치 기업은 여럿 있습니다.

머디 워터 리서치 Muddy Waters Research

카든 블록이 설립한 머디 워터 리서치는 중국 기업에 대한 리서치로 유명해졌습니다. 해당 기업의 재무 데이터를 조사해 문제점을 밝혀냈습니다. 머디 워터 리서치는 Sino-Forest(중국), Focus Media Holding(중국), NQ Mobile(중국), American Tower(인도)에 대해 리포트를 발간한 것으로 유명합니다.

아이스버그 리서치 Iceberg Research

이 기업은 대부분 기업이 제공하지 않는 재무 데이터 및 사업 전략에 대한 리서치를 수행합니다. 아이스버그 리서치는 2017년 남아프리카공화국의 Steinhoff International에 대한 공매도 리서치를 냈습니다. 해당 기업의 재무 데이터가 조작되어 있음을 밝혀낸 것입니다. 주가는 대폭 하락했습니다. 또 이 공매도 리서치 기업은 Noble Group(싱가포르)과 ProSiebenSat.1 Media SE(독일), Aryzta AG(스위스)의 재무에 문제가 있음을 알아챘습니다. 역시 이들 기업의 주가는 크게 하락한 바 있습니다.

시트론 리서치 Citron Research

앤드류 레프트가 설립한 시트론 리서치는 공매도 리서치 분야에서 가장 유명한 곳 중 하나입니다. 이 리서치 기업의 사례 중 가장 유명한 케이스는 밸리언트제약 Valeant Pharmaceuticals 입니다. 시트론 리서치는 2015년 이 기업의 재무 거래와 회계 처리 방식에 대한 조사를 진행했습니다. 그리고 기업의 가치가 실제보다 매우 부풀려져 있다고 결론을 내렸습니다. 이후 규제당국은 실제로 밸리언트제약에 대한 조사를 수행하기도 했습니다. 이로 인한 주가 폭락 폭은 상상을 초월합니다. 2015년 7월 250달러를 넘었던 주가는 2017년 3월 10달러대까지 추락했습니다.

32
개기 일식이 일어난다면?

**개기 일식 → 어둠으로 전기 수요 증가 → 일식으로 태양광 발전 불가
→ 관련 기업 주가 하락 → 알고 보니 제3의 원인**

핵심 요약

2017년 8월 개기 일식이 발생하자 사람들은 일시적인 어둠이 전기 수요를 늘릴 것으로 추측했다. 일부 투자자들은 일식 상태에서는 태양광 발전이 불가능하니 이들 기업의 주가에도 타격이 있을 것이라고 판단했다. 놀랍게도 실제로 개기 일식 당일 일부 태양광 기업의 주가는 하락했다. 그러나 상식적으로 개기 일식과 태양광 기업들 주가 변동의 인과성은 희박하다. 사실 이면에는 무역 소송이 있었다.

- 징코솔라 홀딩스
- 캐나디안 솔라
- 퍼스트 솔라

100년 만의 개기 일식에 흔들린 주가

2017년 8월 21일(현지 시간) 미국에서는 개기 일식이 관측됐습니다. 미국 전역을 관통하는 개기 일식은 1918년 6월 이후 무려 99년 만의 일이었습니다. 이례적인 현상인 만큼 당연히 대중의 관심도 높았습니다. 살아있는 동안 어쩌면 다시 볼 수 없을지도 모르는 사건을 두 눈으로 직접 관측하기 위해 많은 미국인들이 야외에서 선글라스와 쌍안경을 들고 기다렸을 정도였죠. 달이 태양을 가리자 미국 땅에서는 대낮에 암흑이 찾아왔습니다.

이때 개기 일식의 규모는 오리건주에서부터 사우스캐롤라이나주까지, 즉 미국의 서북단부터 동남단까지를 전부 어둡게 만드는 수준이었습니다. 천체의 움직임이 만드는 100년에 한 번 있는 사건을 두고, 이것을 100년에 한 번 돌아오는 주식 매도 타이밍이라고 생각한 이들이 있습니다. 몇몇 독특한 투자자들은 태양이 가려지면 어둠으로 인해 일시적으로 전기 소비가 급등할 것이라는 나름의 분석 하에 에너지 기업들에 주목했습니다. 시장에서는 일식 상태에서 태양광 발전이 불가능하니 관련 기업들의 주가가 하락할 것이라는 루머가 돌기 시작했습니다.

미국 에너지관리청EIA은 당시 유틸리티 규모 태양광 발전소에서의 일조량이 지역에 따라 70~100% 감소할 것이라 분석을 내놓았습니다. 유틸리티 규모 태양광 발전소란 메가와트 단위의 대용량 전력을 공급할 수 있는 시설을 의미합니다. EIA는 이 시설이 제대로 가동되지 않음으로써 전체 태양광 발전량의 50% 이상이 줄어드는 결과가 나타날 것으로 추정했습니다. 실제로 캘리포니아주와 같이 태양광 에너지 의존도가 높은 지역들은 유의미한 영향을 받을 수도 있었습니다. 즉 태양광 발전에 차질이 생긴다는 대중의 생각은 정확했던 셈이죠.

개기 일식 당일, 태양광 기업들의 주가는 하락했습니다. 2017년 8월 21일(현지 시간) CNBC 보도에 따르면, 징코솔라 홀딩스와 캐나디안 솔라의 주가는 이날에만 약 10%씩 하락했습니다. 미국 최대의 태양광 패널 생산 업체인 퍼스트 솔라의 주가도 4% 빠졌습니다. 태양광 섹터 기업들의 성과를 추종하는 대표적인 상장지수펀드ETF 구겐하임 태양광 ETF도 2.3% 내렸습니다. 실제로 기업들의 주가가 움직이자 일명 '개기 일식 주가 하락설'은 더 큰 지지를 얻기 시작했습니다.

이면에 존재한 무역 소송

하지만 상식적으로 개기 일식이 아무리 대단하다고 해도 딱 하루 만에 지나가는 일시적인 현상일 뿐인데 이로 인해 기업들의 주가가 흔들리는 것은 이상합니다. 태양광 기업들의 연간 에너지 생산 규모와 비교하면 개기 일식으로 인한 손실은 미미한 수준입니다. 심지어 개기 일식은 완전히 예측 가능한 사건입니다. 당연히 기업들도 에너지 공급에 차질이 없도록 준비를 마친 상태였습니다. 당시 캘리포니아주 전체 전력의 약 80%를 책임졌던 CAISO의 딘 리온 매니저는 "우리 팀은 지난 일 년 반이라는 시간 동안 일식을 준비해왔다."라며 "캘리포니아를 비롯해 다른 어떤 지역도 블랙아웃을 경험하지는 않을 것"이라고 말했습니다.

실제로 몇몇 사람들이 우려하던 전력난 사태나 태양광 기업들의 생산량 감소로 인한 실적 피해는 발생하지 않았습니다. 루머는 루머일 뿐이죠. 사실 기업들의 주가가 움직인 배경에는 무역 소송이 작용했을 가능성이 더 높습니다. 당시 서니바와 월드 솔라라는 태양광 패널 제조업체는 미국 국제무역위원회ITC에 해외에서 제조된 저가 패널의 유입으로부터 자국 기업의 제품을 보호해달라는 청원을 제기했습니다. 이 청원으로 인해 2017년 8월 15일(현지 시간) 태양광 패널에 대한 새로운 관세를 부과하는 안건에 대한 청문회가 시작됐죠. 개기 일식으로부터 불과 6일 전의 일입니다.

당시 청원을 제기한 기업들의 핵심 주장은 중국산 저가 패널이 유입이 공정한 시장 경쟁을 불가능하게 만든다는 것이었습니다. 원고 측은 수입 상품에 대해 높은 관세를 적용하고 가격 하한선을 규정해달라고 요청했습니다. 태양광 산업 관계자들은 즉각적으로 반발했습니다. 원고의 요청이 통과되면 저렴한 중국 부품을 수입해 사업을 영위하던 기업들 입장에서는 비용이 급격히 늘어나는 결과가 초래되기 때문이죠. 미국 태양광산업협회SEIA측 변호사는 "이 기업들은 사적인 경영난에 대해 공적인 대처를 요구하고 있다."라며 무분별한 관세 정책이 산업 전체의 미래를 불투명하게 만들 수 있다는 우려를 표했습니다.

　결론적으로 태양광 시장이 움직인 특별한 이유가 있었다면 개기 일식보다는 무역 소송의 역할이 더 컸을 겁니다. 애널리스트들도 개기 일식과 태양광 기업들의 주가 변동 간의 인과성에 대해선 부정적인 견해를 표출했습니다. 당시 티그리스 파이낸셜의 이반 페인세스 CIO는 "이것이 큰 사건이라고까지 생각하지는 않는다."라며 "그저 개기 일식이 많은 사람들의 관심을 끈 것 같다."라고 말했습니다. 하지만 또 모릅니다. 어쩌면 정말로 일식이 주가를 움직였던 것일지도?

33
왕실 결혼식이 열린다면?

왕실 결혼식 거행 → 관련 브랜드에 대한 관심 증가
→ 제품 수요 증가 → 매출 성장 기대

핵심 요약

초미의 관심사인 로열 웨딩이 열린다. 신랑과 신부가 어떤 브랜드 의상을 입을지에 대한 관심이 높아지고, 결혼식에 쓰이는 제품과 식음료에 대한 수요도 증가한다. 이는 해당 브랜드의 매출 증가 기대로 이어진다.

- 버버리
- 랄프 로렌
- 포트넘 앤 메이슨
- 빅토리아

'로열 웨딩' 특수 누린 브랜드들

지난 2018년, 세계인의 이목을 집중시킨 이벤트가 하나 있었습니다. 바로 영국 해리 왕자와 메건 마클의 결혼식이었습니다. 오랜만에 거행된 로열 웨딩이기도 했지만, 여느 때보다 관심이 높았던 이유는 따로 있습니다. 결혼식의 주인공이라 할 수 있는 메건 마클 때문이었죠. 메건 마클은 해리 왕자보다 연상인 데다가 이혼 경력이 있고, 백인 아버지와 흑인 어머니를 둔 혼혈이라는 점에서 특히 주목받았습니다. 일반적인 결혼식이었다면 화두에도 오르지 못했겠지만, 로열 웨딩이라서 부각된 이야깃거리였습니다. 어쨌든 덕분에 해리 왕자와 메건 마클의 로열 웨딩은 엄청난 스포트라이트를 받았습니다.

성대한 결혼식에서 신랑과 신부만큼이나 주목받은 조연들은 또 있습니다. 로열 웨딩과 연관된 각종 브랜드들입니다. 결혼식의 꽃인 신부를 빛내주는 패션 브랜드나 쥬얼리 브랜드가 큰 관심을 받았습니다. 로열 웨딩에 샴페인이나 차를 공급하는 식음료 기업, 왕실 행사에 사용되는 인테리어 제품을 생산하는 기업 등도 사람들의 입에 오르내렸습니다. 그리고 브랜드에 대한 관심은 수요 증가로 이어졌죠. 일종의 로열 웨딩 특수를 누른 셈입니다.

대표적인 예가 패션 브랜드입니다. 로열 웨딩이 이목을 끌수록, 화제의 주인공인 메건 마클이 어떤 브랜드의 의상을 입을지에 대한 관심이 뜨거워졌습니다. 특히 메건 마클의 드레스를 누가 만들 것인지에 대한 설왕설래가 오갔습니다. 메건 마클에게 자신의 옷을 입히기 위한 디자이너들의 경쟁이 있었다는 말까지 나올 정도였습니다. 영국의 대표 명품 브랜드 버버리, 미국의 패션 브랜드 랄프 로렌 등이 후보로 언급됐습니다. 그리고 베일을 벗은 로열 웨딩에서는 프랑스의 패션 하우스 지방시가 승자의 자리에 올랐습니다.

또한 로열 웨딩과 직접적으로 연관된 덕분에 폭발적인 관심을 받은 기업도 있습니다. 카펫과 바닥재 등을 생산하는 빅토리아입니다. 영국에서 가장 큰 규모를 자랑하는 이 기업은 주로 상류층 고객을 위한 제품을 생산합니다. 그리고 영국 왕실 역시 빅토리아의 고객입니다. 실제로 빅토리아 카펫은 2013년에 로열 워런트를 받았습니다. 로열 워런트란 영국 왕실에 납품하는 기업이나 개인을 보증해주는 제도로, 영국 왕실에 일정 기간 이상 납품한 업체에 주어집니다.

여왕의 차, 나도 마시고 싶어!

영국과 차茶 문화는 떼려야 뗄 수 없는 관계입니다. 영국에 대해 이야기할 때 애프터눈 티가 가장 먼저 떠오를 정도죠. 영국에서는 점심 식사를 마치고 저녁 식사를 하기 전 약 3시 정도에 티타임 휴식을 취한다고 합니다. 이렇게 보내는 시간을 애프터눈 티라고 하는데, 주로 샌드위치나 스콘 등과 함께 차를 마십니다. 차 문화가 영국인들의 일상 속에 스며들어 있다는 것을 알 수 있는 대목입니다.

왕실에서도 차를 즐깁니다. 홍차 브랜드로 널리 알려진 포트넘 앤 메이슨은 '여왕의 차'라는 별명으로도 유명합니다. 이 기업은 홍차를 왕실에 납품하고 있으며, 이에 따라 로열 워런트도 보유하고 있습니다. 포트넘 앤 메이슨은 엘리자베스 2세 여왕 즉위 70주년을 기념하는 홍차를 출시하는 등 왕실과 끈끈한 관계를 자랑합니다.

덕분에 로열 웨딩을 기해 포트넘 앤 메이슨에 대한 관심이 뜨거워졌습니다. 식음료는 결혼식에서 빠질 수 없는 요소입니다. 영국 문화를 대변하는 홍차라면 더욱 그렇죠. 또한 로열 웨딩은 단순히 한 번의 결혼식으로 끝나는 것이 아닙니다. 결혼식을 중심으로 다양한 왕실 행사를 동반합니다. 그리고 이 모든 행사에서 참석자들은 포트넘 앤 메이슨의 홍차를 마십니다. 한편으로는 포트넘 앤 메이슨이라는 브랜드 자체에 대한 관심이 커지면서, 일반 소비자들도 이 기업의 홍차를 더욱 많이 찾게 됐습니다. 수요가 증가하는 환경이 조성된 셈입니다.

이처럼 우호적인 환경에 대한 기대는 주가에도 반영됐습니다. 통상적으로 수요가 늘어난다는 것은 매출 성장으로 이어지기 때문입니다. 포트넘 앤 메이슨이 로열 웨딩의 공급업체로 선정되자 투자자들이 몰려들었고, 이 기업의 주가는 로열 웨딩을 앞두고 몇 주 동안 10% 이상 상승했습니다.

34
FIFA 부패 스캔들이 터진다면?

**FIFA 부패 스캔들 → 스폰서 기업의 브랜드 이미지 타격
→ 기업들의 신속 대응 → 분산 투자의 중요성 강조**

핵심 요약

2015년 FIFA 부패 스캔들은 FIFA의 공식 스폰서 기업들의 브랜드 이미지에도 타격을 입혔다. 예기치 못한 사태에 기업들은 브랜드 가치와 주주 이익을 보호하기 위해 FIFA를 규탄하는 등 신속 대응에 나섰다. 이는 투자자들에게 포트폴리오 다각화의 중요성을 다시 한번 일깨워주는 사건이 됐다.

- 코카콜라
- 비자
- 맥도날드

축구인의 빈축을 산 FIFA의 부정부패

국제 축구 연맹FIFA은 월드컵을 비롯해 여러 국제 대회를 운영하는 글로벌 축구 기관입니다. 1904년 처음 출범한 이후 세계 축구인들과 축구를 사랑하는 수많은 팬들이 더 재미있고 공정한 경기를 즐길 수 있게끔 노력해왔죠. 하지만 어느 집단이건 오래되면 잡음이 생기기 마련입니다. 그리고 2015년, 중대한 스캔들이 터졌습니다.

   FIFA 부패 스캔들은 스포츠계 최대의 논란거리 중 하나입니다. FIFA의 근간을 완전히 뒤흔든 사건이죠. 이 스캔들은 2015년 5월 미국 법무부DOJ의 요청으로 스위스 취리히에서 여러 명의 FIFA 관계자가 체포되면서 시작됐습니다. 주요 혐의는 뇌물 수수, 자금 세탁, 공갈 등이었습니다. 심지어 국제 축구 대회의 중계권 부여와 월드컵 개최지 선정 과정에서도 부정부패가 있었다는 사실이 드러났습니다. 법무부의 조사에 따르면, 이들은 20년 이상 오랜 기간 동안 불법 행위를 자행했습니다. 당시 FIFA 회장직을 네 번째로 연임 중이었던 제프 블래터는 회장직에서 물러나야 했습니다. 다른 여러 명의 임원들도 마찬가지로 축구계를 영영 떠나야 했습니다.

너네가 그러면 우리는 어떡해?

어마어마한 규모의 부패 스캔들이 세계 축구인들은 충격에 빠졌습니다. 많은 이들이 이 사건에 분노했고 FIFA를 규탄했죠. 그리고 이 과정에서 축구인들의 분노가 향한 또 다른 대상들이 있었으니, 바로 FIFA의 공식 스폰서 기업들이었습니다. 아디다스, 현대기아차, 맥도날드, 코카콜라, 비자 등은 FIFA를 오랜 기간 후원해왔습니다. 그 대가로 월드컵 등 FIFA의 사업에서 독점적인 마케팅 권리를 누려왔죠.

　FIFA 스캔들로 인해 스폰서 기업들의 주가와 브랜드 평판은 타격을 입었습니다. 당시 BBC는 이 사태를 두고 '스폰서들의 재앙'이라고까지 표현했죠. 이 사태를 빨리 수습하지 않으면 FIFA의 후원사라는 사실이 기업의 이미지에 더 많은 타격을 입힐 것은 자명한 상황이었습니다. 추가적인 피해를 방지하고자 스폰서 기업들은 FIFA와의 거리 두기에 나섰습니다. 비자, 코카콜라 등은 즉각적인 변화가 없다면 FIFA와의 스폰서십을 연장하지 않겠다는 초강수를 두었습니다. 맥도날드도 부패 스캔들 혐의에 대해 심각하게 우려하고 있으며 이 문제를 면밀히 모니터링하고 있다고 발표했습니다. 스폰서 기업들의 신속한 대응은 투자자들에게 기업이 이 문제를 심각하게 받아들이고 있으며, 브랜드 및 주주의 이익을 보호하기 위해 필요한 조치를 취할 준비가 돼 있다는 신호였습니다.

투자 리스크 관리의 중요성을 일깨워준 스캔들

FIFA 스폰서 기업에 투자한 투자자들의 입장에서 이 스캔들은 그야말로 자연재해와 같은 사건이었습니다. 전혀 예상할 수도 없는 사건이었는데, 주가가 크게 흔들릴 수도 있는 위기에 빠졌으니 말이죠. 그야말로 마른하늘에 날벼락 같은 상황이었습니다. 2015년 FIFA 부패 스캔들은 투자자들에게 유명하고 평판이 좋은 기업도 예상치 못한 사건과 논란에 영향받을 수 있다는 사실을 일깨워준 계기가 됐습니다.

현명한 투자자라면 자신이 투자하는 기업과 관련된 잠재적 위험을 인지하고 그 위험 요소가 주가에 어떻게 영향을 미칠 수 있는지 상황을 지켜보아야 합니다. 때로는 그 위험 요소가 자명한 경우도 있습니다. 기업의 재무 상태가 불건전하다던가, 카지노 등 죄악주 종목들처럼 공공연하게 범죄 집단과 연루돼 있다는 의혹을 사는 기업들도 있죠. 이런 위험 요소를 동반하는 종목에 대해 투자할 때는 언제나 위험 보상비율을 신중하게 고려해야 합니다.

반면 FIFA 부패 스캔들로 인해 스폰서사들이 타격을 입은 사태처럼 전혀 예상치 못한 위험 요소가 급작스럽게 부상하는 경우도 있습니다. 투자자들이 이런 위기를 사전에 방지할 수 있는 유일한 수단은 '포트폴리오 다각화'입니다. 현실적으로 발생 가능성이 현저히 낮다고 생각되는 위험 시나리오까지도 고려해 투자를 중단한다면 위험 보상비율에서 위험을 과도하게 높게 보는 잘못된 전략이 될 겁니다. 기업 가치가 훌륭한 종목에 대해 필요 이상의 걱정으로 구더기 무서워 장 못 담그는 상황을 만들기보단 분산 투자를 통해 주가 하락을 방어할 수 있는 완충장치를 만드는 것이 더 합리적입니다.

　기업 입장에서도 FIFA 부패 스캔들은 스폰서십 활동에 대한 명확한 윤리 기준을 수립할 필요성을 보여줍니다. 이들은 브랜드 가치를 유지하기 위해서라도 이들은 예기치 않은 논란이나 스캔들에 직면했을 때 주주의 이익을 보호하기 위한 조치에 적극적으로 나서야 합니다. 기업들의 신속한 대응은 투자자들로 하여금 불미스러운 사건이 발생해도 그 사건으로 인한 주가 변동은 일시적이며, 곧 주가가 정상화될 것이라는 믿음을 줍니다.

35
미국 대통령 선거가 열린다면?

대통령 후보 선거운동 → 선거공약 → 정책 수혜 산업 및 기업 부각 → 대통령 선출 → 핵심 정책 수혜주 주가 상승

핵심 요약

미국 대통령 선거는 전 세계적인 이슈 중 하나다. 대선이 실시되기 전, 후보는 적극적으로 선거운동을 하며 정책을 홍보한다. 이에 어떤 업종과 기업이 정책 수혜를 받을 수 있을지에 대한 관심이 높아진다. 새로운 행정부가 수립되고 경제 정책이 변경되면 그 파장이 어마어마하기 때문이다. 대통령이 선출되면 핵심 공약의 수혜주는 기대감 속에 주가가 상승한다.

- 넥스트에라 에너지
- 퍼스트 솔라
- 아메리칸 워터 웍스
- 브룩필드 리뉴어블
- 테슬라
- 니콜라

선거철마다 바쁘게 움직이는 시장의 눈

대통령 선거가 열릴 때마다 신문을 장식하는 이름이 있습니다. 바로 정책 수혜주입니다. 말 그대로 대통령이 새로이 선출되고 공약으로 내세웠던 정책이 시행됐을 때 덕을 볼 수 있는 종목들을 말합니다. 흔히 수혜주라고 말하지만, 더 넓게는 업종이나 섹터 전반이 순풍을 받는 경우도 많죠. 가령 우리나라에서는 지난 2022년 윤석열 대통령이 당선되자 '윤석열 수혜주'가 떠올랐습니다. 이 이름 아래 반도체와 우주항공 업계가 들썩였고, 바이오주, 원전주, 방산주 등도 주목받았습니다.

이 같은 현상은 미국에서도 일어납니다. 미국 대통령 선거는 시장 전반에 커다란 영향을 미칩니다. 심지어 단기적인 것도 아닙니다. 여러 이름이 대통령 후보로 거론될 때부터 실제 대통령이 당선되고 공약에 따라 정책을 펼칠 때까지, 수많은 종목의 주가가 대선 이슈에 맞춰 움직입니다. 미국 행정부가 지닌 권력과 이들이 펼치는 정책의 경제적 효과를 고려하면, 대선이 증시의 주요 재료로 여겨지는 것은 일견 당연해 보이기도 합니다.

2020년 미국에서 59번째 대통령 선거가 치러졌습니다. 공화당에서는 당시 대통령이었던 도널드 트럼프와 부통령 마이크 펜스가 재선에 도전했고, 민주당에서는 조 바이든과 카멀라 해리스가 출사표를 던졌습니다. 미국 증권시장에서도 각 후보의 당선에 베팅한 적색주와 청색주가 맞섰죠. 적색주는 도널드 트럼프가 당선됐을 때 수혜를 기대할 수 있는 종목을 뜻하고, 민주당의 상징 색상을 딴 청색주는 조 바이든이 대통령으로 올라섰을 때 순풍을 받는 종목들이었습니다. 그리고 결과는 청색주의 승리였습니다.

대표적인 청색주로는 친환경 기업들이 있습니다. 당시 당선인이 된 조 바이든의 공약을 정리하자면 △세금 인상 △사회 안전망 구축 △자유무역 추구 △균형발전 △그린 인프라 정책 등 5가지인데요. 이 중에서 핵심 키워드는 '친환경 정책'입니다. 후보 시절 바이든은 향후 4년간 청정에너지와 친환경 인프라에 2조 달러를 투자하겠다고 공약했습니다. 대표적인 것이 전기차입니다. 바이든은 전기차 산업을 키우기 위해 전기차에 세액공제 등 혜택을 주고, 50만 개의 전기차 공공 충전 시스템을 구축하겠다고 약속했습니다. 또한 전기차 배터리, 에너지 저장 기술 정책을 구축한다는 공약도 내걸었습니다.

대통령이 밀어주는 신재생에너지 사업

신재생에너지의 종류는 다양합니다. 대중적으로 널리 알려진 태양에너지와 풍력에너지, 수소에너지부터 지열에너지, 해양에너지, 바이오에너지 등이 있습니다. 에너지 종류가 많으니 신재생에너지 사업을 내세운 기업도 셀 수 없이 많을 수밖에 없습니다. 신재생에너지 사업에 투자하고 싶어도 어떤 기업을 주목해야 하는지 가늠하기 어렵죠. 이럴 때 꽤 유용한 방법이 하나 있습니다. 바로 가장 큰 몸집을 자랑하는 기업, 이른바 '대장주'부터 살펴보는 겁니다.

넥스트에라 에너지는 세계 최대 규모의 태양광·풍력 업체입니다. 미국 플로리다주 최대 발전 사업자인 FPL와 신재생에너지 발전업체 NEER를 보유하고 있는 이 기업은 유틸리티 섹터의 대장주로도 불립니다. 이 기업의 시가총액은 1,600억 달러(2023년 4월 24일 기준)에 육박합니다. 한화로 치면 214조 원에 달합니다. 국내 증시를 이끄는 삼성전자의 시가총액이 380조 원 수준이라는 것을 고려하면, 상당한 규모입니다. 다른 신재생에너지 기업에 비해서는 압도적인 수준이죠.

넥스트에라 에너지가 가장 주목받는 이유는 가장 안정적인 펀더멘털을 보유하고 있기 때문입니다. 신재생에너지 산업은 아직 성장 단계에 있습니다. 이 사업을 영위하는 기업들 역시 잠재력은 있지만 아직 가시적인 성과를 내지 못하고 있는 경우가 많죠. 그러나 넥스트에라 에너지는 신재생에너지 사업에만 집중하는 것이 아니라 안정적인 유틸리티 사업도 함께 영위하고 있습니다. 덕분에 성장성과 수익성을 모두 보유하고 있는 겁니다. 이는 실적에서도 드러납니다.

넥스트에라 에너지는 회계연도 2022년에 209억 5,600만 달러의 매출을 기록했고, 41억 4,700만 달러의 순이익을 냈습니다. 이해에 연방준비제도Fed의 공격적인 긴축 정책으로 인해 도전적인 사업 환경이 펼쳐졌다는 것을 고려하면 매우 뛰어난 성적이라 할 수 있습니다. 특히 아직까지 순손실 상태를 벗어나지 못하고 있는 신재생에너지 기업이 많다는 점을 감안하면, 넥스트에라 에너지가 거둔 성과는 더욱 빛이 납니다. 이 기업은 여세를 몰아 2023년에도 월스트리트의 예상을 뛰어넘는 호실적 행진을 이어가고 있습니다.

36
영국이 EU를 탈퇴한다면?

영국의 유럽연합EU 탈퇴 → 경제 불확실성 확대
→ 증시 하방 압력 → 주가 하락

🔖 핵심 요약

영국이 유럽연합 탈퇴를 결의한다. 불확실성이 커지면서 경제 혼란이 일어나자 영국 증권시장에 대한 투자심리가 냉각된다. 투자자들이 떠나면서 자금은 영국에서 다른 국가로 유출되고 영국 증권시장은 약세를 보인다. 이는 기업들의 주가 하락으로 이어진다.

- 테스코
- 막스&스펜서
- 넥스트
- 웨이트로즈

유럽을 뒤흔든 영국의 탈주

2016년 영국에서 치러진 국민투표는 유럽을 넘어서 전 세계를 뒤흔들었습니다. 이 국민투표는 영국이 유럽연합EU을 탈퇴할지에 대한 것이었습니다. 결과는 탈퇴 51.9%, 잔류 48.1%. 영국이 43년간 몸담았던 EU에 작별을 고하는 순간이었습니다. 이른바 '브렉시트'입니다.

투표로부터 4년 후인 2020년 12월 24일, 영국과 EU는 투표 결과에 따라 2021년 1월 1일부터 완전히 결별하기로 합의했습니다. 그리고 합의 내용에 따라 영국을 중심으로 유럽 대륙은 커다란 변화를 맞게 됩니다. 이전까지 협상이 불필요했던 일에 대해 이제는 매년 새로이 의견을 맞춰야 했고, 하나의 거대한 틀 안에서 이뤄졌던 규제도 달라졌습니다. 또한 자유롭게 국경을 넘나드는 일도 불가능해졌으며, 해당 나라 국민처럼 공부하고 일하고 거주할 수 있는 권리가 사라졌습니다. 일일이 나열하기도 어려울 정도로 많은 변화가 일어났죠.

브렉시트의 여파는 단순히 사회에만 영향을 끼친 것이 아닙니다. 엄청난 경제적 여진을 낳았죠. 영국은 브렉시트로 인해 주식시장 규모에서 유럽 1위 자리를 프랑스에 빼앗기기까지 했습니다. 당시 블룸버그가 보도한 바에 따르면, 영국이 브렉시트를 결의한 2016년에는 영국 주식시장 시가총액이 프랑스 주식시장보다 1조 5,000억 달러가량 더 많았습니다. 그러나 브렉시트가 실행된 지 약 2년 6개월 만에 영국은 프랑스에 자리를 내줬죠. 영국 중앙은행인 잉글랜드은행BOE의 통화정책위원을 지낸 마이클 손더스가 "영국 경제 전체가 브렉시트로 인해 영구히 훼손됐다."라고 지적할 정도였습니다.

  브렉시트는 지금까지도 영국이 겪고 있는 경제 위기의 주요 원인 중 하나로 꼽힙니다. 영국은 현재 다른 국가와 마찬가지로 극심한 인플레이션을 겪고 있습니다. 물론 팬데믹과 우크라이나 전쟁이 인플레이션을 더욱 부추기기는 했지만, 브렉시트 역시 원인 중 하나라는 지적이 나오고 있는 겁니다. 브렉시트로 인해 유럽 내에서 영국의 경제적 입지가 줄어들었다는 이유에서죠. 영국 경제가 위축되자 파운드화 가치가 하락했습니다. 이는 영국의 인플레이션 압력을 더욱 강하게 만들었습니다.

굳게 닫힌 국경, 오갈 데 없는 유통업체

브렉시트로 인해 영국에 적을 둔 수많은 기업이 타격을 입었지만, 그중에서도 가장 크게 흔들린 것은 유통업체였습니다. 국민투표 결과가 나온 2016년, 국제신용평가사 무디스는 브렉시트가 현실화됐을 때 일어난 경제적 피해에 대한 보고서를 냈습니다. 그리고 이 보고서에서 무디스는 "영국이 EU를 떠날 경우 치러야 할 비용은 잠재적 이익보다 클 것"이라며 "특히 영국의 유통업체들의 생산과 공급망이 파괴될 수 있다."라고 지적했습니다.

유통업체의 핵심은 생산과 공급을 아우르는 유통망입니다. 그런데 브렉시트로 인해 영국이 다른 유럽 국가들과 단절되면 이 유통망에 혼란이 생깁니다. 국외로부터의 수출입 절차가 복잡해지며, 상품 유통도 원활하게 이루어지지 않습니다. 유통업체가 하는 사업은 물건을 사고파는 건데, 이 모든 과정이 어려워진다는 의미입니다. 실제 브렉시트 실행을 앞두고 영국 정부는 유통 업체들에게 EU와의 협상이 잘되지 않을 상황에 대비해 가능한 많은 재고를 쌓아놓으라고 경고한 바 있습니다.

영국 최대 규모를 자랑하는 유통업체 테스코는 브렉시트로 인한 직격탄을 맞았습니다. 성장을 위해서 영국을 넘어서 유럽 시장을 공략할 필요가 있는데, 국경이 닫히면서 제약을 받게 됐습니다. 내수에만 의존해야 하는 상황이 된 거죠. 엎친 데 덮친 격으로 파운드화 가치가 크게 떨어지면서 어려운 상황에 처했습니다.

테스코는 영국 식료품 시장 점유율 1위를 기록하고 있을 정도로 식품 유통 사업에 힘을 싣고 있습니다. 그런데 브렉시트로 인해 이 핵심 사업이 크게 짓눌렸습니다. 다른 유럽 국가의 국적을 지닌 노동자들이 영국을 떠나면서 일손이 부족해졌기 때문입니다. 농장의 노동자들과 식품 가공업자들이 부족해지자 생산에 차질이 생겼고, 운송을 맡는 운전자들이 떠나자 식품 유통망은 빠르게 경색됐습니다.

특히 유통기한이 짧은 신선 농산물이 배달 문제로 인해 폐기되는 일까지 벌어졌죠. 2021년 6월 테스코는 매주 50톤의 음식물 쓰레기가 발생했다고 밝혔습니다. 이는 운송 회사의 운전자 부족 문제로, 공급업체는 매주 수천 개의 배송을 지연하거나 취소해야 했으며 매장에서는 배송이 늦어진 탓에 유통기한이 지난 상품을 판매할 수 없었습니다. 당시 현지 매체들의 보도에 따르면, 영국의 4대 슈퍼마켓은 공급망 경색으로 인해 9개월 동안 20억 파운드 이상의 손실을 봤습니다.

37
특허 만료가 다가온다면?

신약 특허 만료 → 복제약 출시 → 약품 매출 하락

→ 인수합병 M&A → 제품 포트폴리오 다각화

🎯 핵심 요약

제약사는 신약 특허가 만료되면 매출이 급락한다. 복제약이 출시되기 때문이다. 따라서 제약사는 특허 만료에 앞서 제품 포트폴리오를 강화할 필요가 있다. 이때 가장 손쉬운 방법은 특허 약품을 보유한 기업이나 기술력이 탄탄한 기업을 인수합병하는 것이다.

- 머크 앤 코
- 암젠
- 화이자
- 일라이 릴리
- GSK
- 노바티스

특허의 중요성

제약 업계에서 특허의 중요성은 백 번 강조해도 모자랍니다. 특허는 마케팅 및 판매에 대한 독점적 권리를 의미합니다. 따라서 특허를 보유하고 있는 신약에 대해서는 수요를 독점할 수 있고 이를 기반으로 프리미엄 가격을 책정할 수도 있습니다. 또한 특정 질병에 대한 핵심 특허가 있다면 경쟁 우위를 확보하고 새로운 플레이어의 시장 진입을 막을 수도 있습니다. 즉 특허는 실적과 직결되는 요소라는 겁니다.

그렇기 때문에 특허가 만료되면 제약사는 실적에 직격탄을 맞습니다. 특허가 만료되면 해당 합성의약품의 성분과 구조가 공개됩니다. 그리고 성분과 구조가 공개되면 어느 기업이나 손쉽게 복제약을 만들 수 있죠. 이 복제약을 제네릭이라 합니다. 제네릭은 오리지널 약물에 비해 저렴하기 때문에, 시장에 제네릭이 등장하는 순간 오리지널 의약품의 매출은 급감하는 구조입니다.

통상적으로 특허 만료를 앞둔 제약사는 실적 악화를 방어하기 위해 제품 포트폴리오를 강화합니다. 특허 만료로 인해 일부 약품 매출이 줄어들더라도, 다른 약품을 통해 그만큼 돈을 벌겠다는 겁니다. 다만 이는 결코 쉬운 일이 아닙니다. 하나의 신약이 탄생하기까지는 긴 시간과 막대한 자금이 소요되기 때문입니다. 또한 규제 기관의 벽을 넘지 못하면 이 모든 노력이 수포로 돌아가 버리기도 합니다.

따라서 제약사는 조금 더 쉽게 빠른 방법을 택합니다. 인수합병 M&A

입니다. 특허 약품을 보유한 기업이나 탄탄한 기술력으로 신약 개발이 기대되는 기업을 인수한다면 손쉽게 제품 포트폴리오를 강화할 수 있습니다. 또한 파이프라인을 확장하거나 새로운 영역에 진출하는 것도 가능합니다.

M&A가 활발하게 이뤄지는 시장

이처럼 M&A가 효율적인 수단으로 여겨지는 만큼, 제약 업계에서는 대규모 거래가 활발하게 이뤄집니다. 실제 다양한 대외변수로 인해 자본시장이 침체된 올해 초에도 제약 업계에서는 빅딜을 심심찮게 찾아볼 수 있었습니다. 한국바이오협회에 따르면, 2023년 상반기 거래 규모가 10억 달러를 넘는 M&A는 총 9건이었습니다.

그중 하나는 머크의 프로메테우스 바이오사이언스 인수입니다. 글로벌 제약회사 머크는 4월 생명공학기업 프로메테우스 바이오사이언스를 108억 달러에 사들였습니다. 이를 통해 머크는 프로메테우스 바이오사이언스가 강점을 보이는 대장염과 크론병 등 면역 질환 치료제를 파이프라인에 추가할 수 있었습니다. 머크는 이외에도 아미고 바이오사이언스, 액셀러론 파마 등을 인수하면서 적극적으로 포트폴리오를 강화했습니다.

머크의 이런 행보 역시 특허 만료에 대비하기 위함입니다. 머크의 블록버스터 의약품인 면역항암제 '키트루다'는 2028년 특허 만료될 예정입니다. 머크의 실적에서 키트루다가 차지하고 있는 비중을 고려하면 실적이 타격을 입는 건 불가피합니다. 그러나 머크가 파이프라인을 강화하면서 매출 감소에 대비하고 있는 만큼, 우려는 크지 않습니다. 투자은행 업계에서도 머크의 노력을 높게 평가하고 있습니다.

제약사를 바라보는 시각 바꾸기

이러한 내용을 인지한다면 제약사를 바라볼 때 어떤 지점을 주목해야 하는지 알 수 있습니다. 통상적으로 제약사에 대해 분석할 때는 이 기업이 보유하고 있는 의약품 포트폴리오에만 집중합니다. 그러나 그 의약품의 특허가 만료될 수 있다는 가능성까지 염두에 둬야 합니다. 그리고 기업이 특허 만료에 어떻게 대비하는지를 파악해야 합니다. 그래야 기업의 실적 추이를 예상할 수 있고, 이는 투자 판단을 내리는 데 도움이 됩니다.

38
창고에 사람이 없어진다면?

리쇼어링 붐 → 로봇, AI 등 기술혁신 → 무인 창고 수요 증가
→ 효율 극대화 위한 솔루션 필요

● 핵심 요약

미국의 리쇼어링 흐름 속 높은 인건비 대비 로봇·자동화 기술의 비용 감소로 무인 창고 수요가 늘고 있다. 물류 자동화의 핵심은 하드웨어 및 소프트웨어의 조합을 통해 가장 효율적인 솔루션을 구축하는 것이다.

- 에머슨 일렉트릭
- 로크웰 오토메이션
- Abb
- 심보틱
- 아이로봇

가뜩이나 인건비 비싼 미국에 공장?

미국의 리쇼어링reshoring은 현재진행형입니다. 리쇼어링이란 해외로 생산시설을 옮겼던 기업들이 다시 자국으로 돌아오는 현상을 말합니다. 글로벌 공급망 불안과 지정학적 갈등, 달러의 강세, 미국 정부의 강력한 정책 등의 영향으로 미국 제조 기업들의 리쇼어링이 한창입니다. '리쇼어링 붐'이라는 표현도 쓰일 정도죠.

그리고 이 과정에서 주목받는 섹터가 하나 있습니다. '로봇·자동화'입니다. 기업들이 미국에 '다시' 공장을 지으면서 이들은 공장에 로봇을 들이고 생산 공정을 자동화하고 있습니다. 이 같은 시도는 단순히 미국의 높은 임금 탓만은 아닙니다. 로봇·자동화 기술이 충분히 발전해 미국보다 임금이 낮은 지역에서도 이 기술은 적용되고 있습니다. 즉, 기술이 상용화 단계까지 왔다는 의미입니다.

이제 기업들은 과거보다 더 낮은 비용으로 장기간 제품을 생산할 수 있게 되었습니다. 인력이 필요하지 않은 자동화 공정은 기업 경영자를 임금의 불확실성에서 벗어나게 합니다. 다른 말로 표현하자면, 기업들은 로봇과 자동화 설비 등으로 인한 더 높은 초기 비용을 부담함으로써 미래의 인력 수급 불균형과 높은 임금 등으로 인한 위험을 확연하게 줄일 수 있게 된 것입니다.

이제 창고에 인간은 필요 없다

로봇, 드론, IoT, SaaS, 그리고 AI까지. 이들을 아우르는 하나의 공통점이 있습니다. 모두 최근 수년 동안 비약적인 기술 발전을 보인 분야라는 점입니다. 그리고 이들이 어우러져 물류 자동화의 질은 비약적으로 높아지고 있습니다. 물류 자동화의 핵심은 다음과 같습니다.

① 자동화된 이동

창고에서 가장 빈번한 활동은 바로 물건의 운반입니다. 그리고 여기에는 AGV Automated Guided Vehicle 와 AMR Autonomous Mobile Robot 두 기술이 쓰입니다. AGV는 사전 정의된 경로를 따라 이동하는 기술을 의미하고, AMR은 독립적으로 경로를 계획하고 조정하는 기술을 지칭합니다. 드론 기술은 창고의 높은 곳에 위치한 물건에 접근하거나 재고 조사와 같은 작업을 수행하는 데에 사용됩니다.

② 로봇 팔과 그리퍼

물건을 옮겼다면 이제 포장을 하거나 적재를 해야 합니다. 여기에 우리에게 익숙한 로봇 팔과 그리퍼(손 형태)가 등장합니다. 이들 기기는 다양한 크기와 형태의 물건을 다룰 수 있습니다. 특히 물건을 움켜잡을 수 있는 그리퍼는 다양한 상황에 대응해 물류 자동화의 범위를 과거에 비해 비약적으로 확대하는 데에 기여했습니다.

③ AI와 ML, WWS

AI는 인공지능, ML은 머신러닝을 의미합니다. 이 두 기술은 창고의 자동화된 시스템에서 데이터를 수집하고 분석해 경영진이 의사결정을 내릴 수 있도록 돕습니다. 예측 분석, 재고 관리, 물류 경로 최적화 등에 AI와 ML은 필수적이죠. WWS는 Warehouse Management System의 준말입니다. 이 소프트웨어는 물류, 재고 관리, 출하/입하 관리, 물류 네트워크 최적화 등의 기능을 제공합니다.

월마트 물류 책임지는 심보틱

여러 하드웨어·소프트웨어가 뒤섞여 있는 만큼 기업의 경쟁력은 이들을 어떻게 조합해 최고의 솔루션을 만들어내느냐에 달렸습니다. 적재적소에 가장 비용 효율적인 하드웨어를 구축하고, 이 하드웨어의 성능을 극대화하는 소프트웨어를 적용하는 식이죠. 그리고 심보틱은 이를 가장 잘 달성해 나가는 기업으로 꼽힙니다.

심보틱의 비전은 명확합니다. 공급망이 더 잘 작동하도록 만드는 겁니다. 심보틱은 물류 자동화를 원하는 고객을 위해 소프트웨어부터 하드웨어까지 모두 공급합니다. 엔드 투 엔드 기술 솔루션을 제공하는 거죠. 이를 이용하면 물류 처리 과정에서 수량, 타이밍, 위치의 불일치를 해결함으로써 비용을 절감할 수 있습니다. 팔레트와 케이스의 처리를 자동화할 필요가 있는 대형 창고나 유통 센터에 유용한 기술입니다.

비즈니스 모델도 살펴보겠습니다. 심보틱은 크게 세 분야에서 수익을 냅니다. △시스템 △소프트웨어 유지 및 지원 그리고 △운영 서비스입니다. 시스템은 하드웨어와 임베디드 소프트웨어로 구성되어 있습니다. 물류 자동화를 위해 설치되는 다양한 IT 기기와 로봇 등이 해당합니다. 그리고 심보틱은 설치된 소프트웨어를 유지하고 지원합니다. 통상적으로 심보틱은 고객과 15년에 달하는 장기 계약을 체결한 뒤 고객의 시스템을 관리하게 됩니다. 또 이 물류 자동화 기업은 고객의 시스템의 효율성을 최적화하는 서비스도 제공합니다.

회계연도 2023년 2분기(3월 25일 종료) 심보틱의 매출은 2억 6685만 달러였는데요. 이중 시스템 매출이 차지하는 비중은 97%에 달합니다. 그러나 시간이 흘러 심보틱의 시스템을 받아들인 기업 고객이 늘어날수록 소프트웨어 유지 및 운영 서비스 매출 비중이 늘어나게 될 것입니다. 현재 심보틱은 미국을 중심으로 사업을 영위하고 있습니다. 매출 대부분이 미국에서 발생하고 있죠. 즉, 심보틱이 미국 시장에 안착한 뒤 해외 진출을 모색할 때 또 한 번의 성장 모멘텀을 보일 수 있다는 의미입니다.

심보틱은 월마트를 최대 고객으로 두고 있습니다. '마스터 오토메이션 계약Master Automation Agreement'에 따라 심보틱은 월마트의 42개 지역 물류 센터 전체에 창고 자동화 시스템을 설치하고 있습니다. 앨버트슨, 타깃, 자이언트 타이거 등도 심보틱의 고객들입니다.

39
삼성전자가 소송을 당한다면?

특허 관련 소송 → 법정 공방 → 피소 기업 합의
→ 라이선스 계약 → 기소 기업 수혜

🌸 핵심 요약

이른바 특허괴물이라 불리는 기업들이 자사의 특허를 침해한 기업에 소송을 제기한다. 소송에 휘말린 기업은 원만하게 해결하기 위해 라이선스 계약을 체결한다. 소송을 제기했던 기업은 이를 통해 막대한 수익을 올린다.

- 램버스
- 인터디지털
- 아카시아 리서치
- 넷리스트

기업 잡아먹는 특허사냥꾼

특허괴물, 특허파파라치, 특허해적, 특허사냥꾼. 다양한 별명이 있지만 이 모든 호칭은 하나의 대상을 가리킵니다. 바로 특허전문관리회사NPE입니다. NPE는 개인이나 기업에서 보유하고 있는 특허를 매입한 뒤, 특허를 침해했다고 판단되는 기업에 소송을 제기해 이익을 얻습니다. 즉 생산 활동은 하지 않고 소송을 통한 합의금이나 로열티 등으로 수익을 창출하는 겁니다. 무엇보다 '기술'이 중요한 IT 산업에서 주로 찾아 볼 수 있습니다.

대표적인 특허괴물은 미국 반도체 기업 램버스입니다. 램버스는 반도체 생산은 하지 않고 설계만 하는 '팹리스'입니다. 따라서 생산을 하지 않은 게 일견 당연해 보입니다. 그러나 특이한 점은 램버스가 소송을 통해 수익을 내는 데에만 집중하고 있다는 겁니다. 메모리 관련 기술 특허를 싹쓸이하고, 약간의 특허 침해 건수만 보이면 무조건 소송을 거는 식입니다.

국내에서는 SK하이닉스가 램버스의 먹잇감이 됐습니다. 두 기업은 2000년부터 13년간 특허 특허 침해와 특허 무효, 반독점 소송을 벌여 왔습니다. 미국에서 시작된 법정 공방은 독일과 프랑스, 영국까지 확전 됐습니다. 그리고 수년간 이어진 다툼 끝에 결국 SK하이닉스가 손을 들었습니다. 제품 기술 특허 포트폴리오에 대한 라이선스 계약을 맺고, 램버스에 5년간 2억 4000만 달러를 지불하겠다고 계약한 겁니다.

소송 = 수익 모멘텀

SK하이닉스와 램버스의 사례와 같이 특허괴물에게 법정 공방은 악재가 아니라 호재입니다. 수익 모멘텀으로 작용하기 때문입니다. NPE는 애초부터 이길 수 있을 만한 건수에만 소송을 제기해 역풍을 맞을 가능성도 크지 않습니다. 따라서 소송을 앞두고 있거나 진행 중인 NPE를 주목하는 게 투자 기회를 모색하는 하나의 방법이 될 수 있습니다.

통신 사업에서는 가장 거대한 몸집을 자랑하는 특허괴물은 인터디지털입니다. 이 기업은 지난 3월 레노버와의 법정 공방에서 유리한 판결을 받았습니다. 이에 따라 라이선스 비용으로 1억 3870만 달러를 받게 됐습니다. 이 자체로도 수익 모멘텀이라 볼 수 있지만, 이 소송이 중요한 이유는 따로 있습니다. 하나의 소송에서 유리한 결과를 얻게 되면 이후 유사한 소송에서도 승소할 가능성이 높아집니다.

인터디지털은 이외에도 노키아와 화웨이, ZTE 등 글로벌 기업들을 상대로 소송을 걸어 수익을 내고 있습니다. 국내에서는 삼성전자·LG전자와도 특허 공방을 벌인 적 있으며, 올해 초에도 삼성전자와 특허 라이선스 계약을 갱신했습니다. 인터디지털은 2만 개가 넘는 특허를 보유하고 있으며 원격·다중화 통신 관련 특허를 가장 많이 보유한 회사이기도 합니다. 이 분야는 고성장하고 있는 만큼 인터디지털의 먹잇감도 널려있는 셈입니다. 따라서 레노버와의 법정 공방을 선례 삼아 매출 확대를 기대해 볼 만합니다.

3장

01
인트로

생성형 AI를 활용한 챗봇, 챗GPT의 등장은 사람들이 정보를 습득하는 방식만 바꿔놓은 것이 아닙니다. 이 강력한 인공지능의 등장은 주식시장에도 큰 반향을 일으켰죠. 엔비디아나 마이크로소프트와 같이 GPT와 직접적으로 연관이 있는 종목은 물론이고, 심지어는 이름에 AI가 들어갔다는 이유만으로도 주가가 치솟는 기업들도 있었습니다.

이처럼 섹터에 '빅뉴스'가 터질 때면 그 뉴스로 직접적으로 수혜를 보는 기업 외에도 해당 섹터에 속한 기업들의 주가도 함께 움직이는 경향성을 찾아볼 수 있습니다. 그뿐만 아니라 이런 뉴스는 하루 반짝 주가를 튀게 만드는 데 그치지 않고, 주식시장에 여진을 일으키며 여러 날 동안 주가 움직임에 영향을 줍니다. 하루 늦게 뉴스를 접했더라도 재빠르게 해당 섹터와 투자할 기업을 고르기만 한다면 충분히 성공을 거둘 수 있어요.

이번 장에서는 어떤 섹터가 현재 시장에서 '될성부른 떡잎'으로 여겨지는지 직접 찾아볼 수 있는 방법을 알아보도록 하겠습니다.

02
섹터 고르는 방법

 주식 투자자라면 오늘의 급등주와 급락주를 눈여겨본 경험이 있을 것입니다. 이들을 살펴보면 어떤 섹터가 주목을 받고 있는지 어느 정도 감을 잡을 수 있기 때문이죠. 하지만 미국 주식에 투자할 때 이 방법만을 사용하기에는 문제가 있습니다. 미국의 경우 국내 주식시장과 달리 상한가와 하한가가 정해져 있지 않기 때문입니다. 유통주식 수가 적은 기업의 경우, 하루 만에 주가가 1,000% 이상 오르는 주식도 쉽게 찾아볼 수 있습니다. 다만 이런 환경 아래에선 거래량이 적은데 주가 변동성만 큰 기업이 주목받는 인지적 왜곡이 생길 수도 있죠.

 이런 왜곡을 피할 간단한 방법이 있습니다. 핀비즈 웹사이트finviz.com를 활용하는 것입니다. 핀비즈는 금융 시각화Financial Visualization의 준말로, 주식시장과 관련된 데이터를 보기 쉽게 그래픽으로 정리해 보여주는 서비스입니다. 그중에서 우리가 활용할 것은 바로 핀비즈의 S&P 500 지도입니다. 이 지도는 S&P 500 지수에 편입돼 있는 기업들을 섹터별로 나누고, 시가총액 규모 순으로 크기를 할당해 보여줍니다. 그리고 매일 주가가 어느 방향으로 얼마나 움직였는지를 보여주기 위해 색깔을 덧입히죠. 주가가 더 많이 올랐을수록 더 진한 녹색으로, 더 주가가 많이 떨어졌을수록 더 강렬한 적색으로 표현됩니다.

주가가 크게 움직인 섹터를 확인했다면, 왜 시장이 이런 반응을 보였는지를 알아보는 것이 좋습니다. 보통 시장은 새로운 소식에 반응합니다. 여기서 새로운 소식이란 '중국, 리오프닝 재개'와 같은 뉴스가 해당됩니다. 혹은 기업의 발표나 행사, 또는 기업 내부 소식통을 인용한 기사도 있죠. 언론에서 발행하는 기사들은 이런 새로운 소식들을 독자가 읽기 쉽게 잘 종합해 보여줍니다. 따라서 주식시장에서 벌어지는 일들을 잘 파악하기 위해서는 꾸준히 기사를 읽는 것이 무엇보다 중요합니다.

무료로 읽을 수 있는 금융 뉴스

- **로이터**: 가입 후 로그인하면 모든 뉴스를 공짜로 읽을 수 있습니다. 상단에서 비즈니스 메뉴를 클릭한 뒤 섹터별 소식을 확인해보세요.

- **야후 파이낸스**: 블룸버그, 파이낸셜타임즈, 배런스 등 유료로 구독해야 하는 매체의 기사들도 야후 파이낸스 뉴스 탭에서는 일부 공짜로 읽을 수 있습니다.
하지만 블룸버그, 월스트리트저널, 파이낸셜타임즈 등 공신력이 있는 매체들을 모두 구독하면 연 구독료가 수십만 원이 넘어갈 수 있습니다. 따라서 이런 매체에서 헤드라인들을 파악한 뒤 관심이 가는 소식을 골라 대해 자세히 알아보는 것도 좋습니다.

- **블룸버그** bloomberg.com: Industries, Technology 메뉴에서 기업과 섹터와 관련된 최신 뉴스를 찾아볼 수 있습니다.

- **월스트리트저널** wsj.com: Business, Tech 메뉴에서 기업과 섹터와 관련된 최신 뉴스를 찾아볼 수 있습니다.

- **파이낸셜타임즈** ft.com: Companies, Tech 메뉴에서 기업과 섹터와 관련된 최신 뉴스를 찾아볼 수 있습니다.

03
기업 분석의 기본

관심 가는 섹터와 기업을 골랐다면, 이제 해당 기업에 대해 알아볼 차례입니다. 이번 장에서는 기업을 분석하는 데 꼭 필요한 자료를 어디서 찾을 수 있는지에 대해 알아보겠습니다.

기업을 분석하기 위해서는 해당 기업의 재무 상태와 사업에 대해 공부해야 합니다. 이때 해당 기업에 대해 가장 잘 알 수 있는 방법이 무엇일까요? 바로 증권거래위원회SEC 공시자료를 찾아보는 것입니다. SEC 공시는 EDGAR 데이터베이스(https://www.sec.gov/edgar/searchedgar/companysearch)에서 찾아볼 수 있습니다.

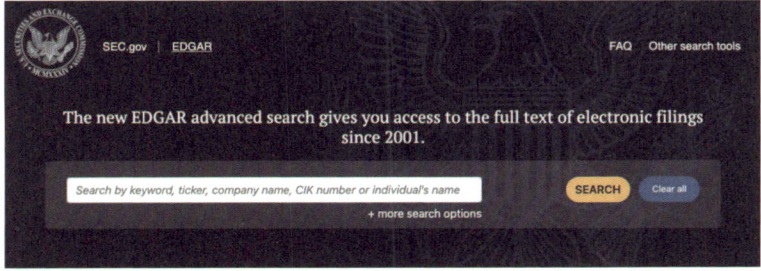

그렇다면 EDGAR에서 어떤 자료를 먼저 살펴봐야 하는지에 대해 알아봐야겠죠. 우리나라 기업에 투자할 때는 기업에 대해 공부할 때 우선 전자공시시스템Dart에서 사업보고서를 찾아보는 것이 일반적입니다. 미국에서도 마찬가지입니다. 사업보고서는 어떻게 찾을 수 있는지, 차근차근 같이 살펴보도록 하겠습니다.

이번에 우리가 함께 살펴볼 기업은 애플입니다. 우선 EDGAR 검색창에 기업명을 기입하도록 하겠습니다. 기업명이 아니라 티커(종목명)를 검색해도 좋습니다. 우리가 찾는 애플은 첫 번째에 나와 있습니다.

애플을 검색하면 다음과 같이 기업 검색 결과창으로 연결됩니다. 우리가 이 웹페이지에서 살펴보려는 자료는 사업보고서입니다. 미국에서 사업보고서는 10-K(연간 사업보고서)라고 불립니다. 분기 보고서의 경우 10-Q라는 이름으로 등록되어 있습니다.

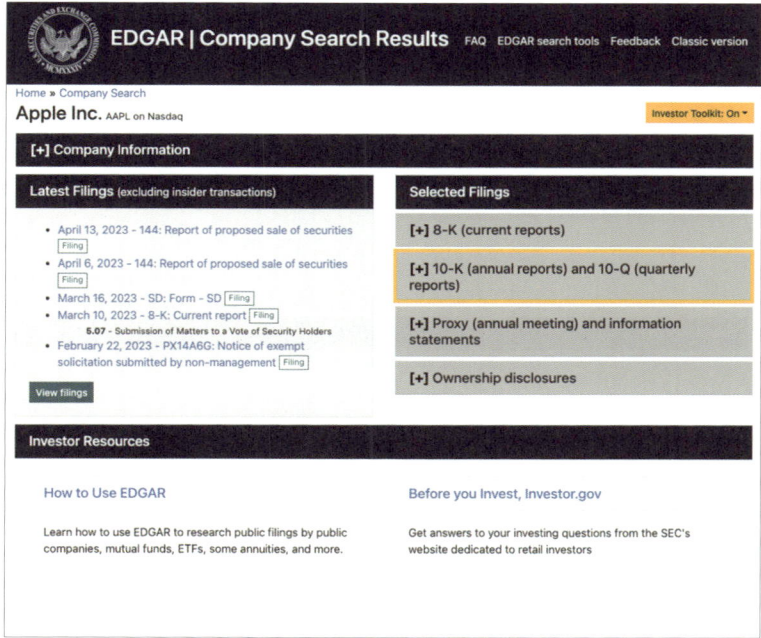

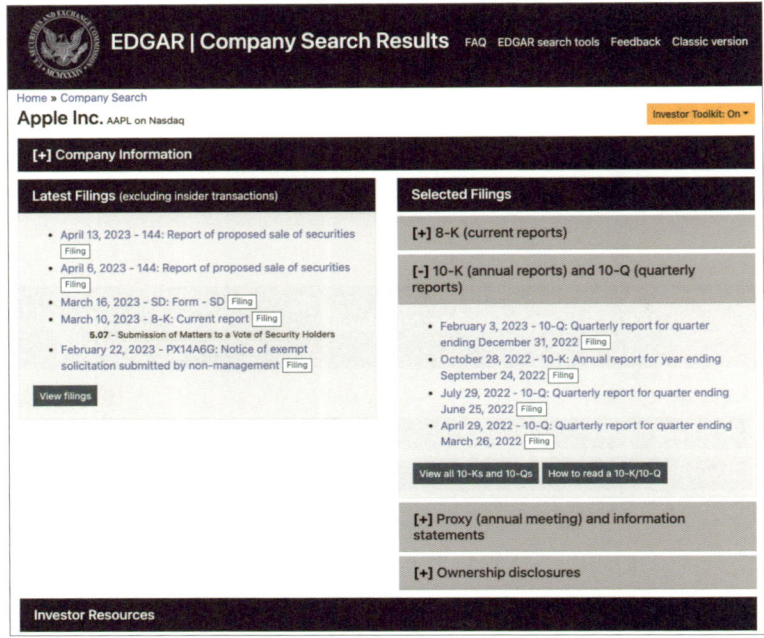

　Selected Filings에서 두 번째 10-K and 10-Q를 누르면, 오른쪽 사진과 같이 최신 공시부터 클릭할 수 있는 링크를 볼 수 있습니다. 우리가 애플에 대해 전혀 아는 것이 없다고 가정하고, 애플에 대해 알기 위해 10-K부터 클릭해 보겠습니다.

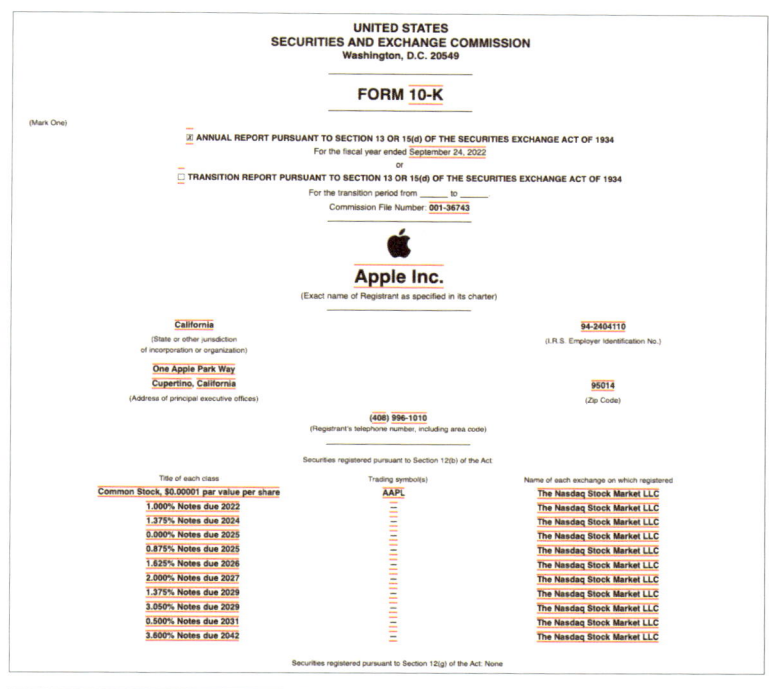

3장 섹터 메트릭 읽기 261

목차를 보면 우리가 주목해야 하는 부분을 찾을 수 있습니다. 아래 주목해야 하는 섹션에 대해 알아보고, 왜 이 섹션을 읽어야 하는지 알아보도록 합시다.

- **Item 1** Business

  해당 기업의 비즈니스, 제품 또는 서비스, 시장에 대한 개요를 알 수 있습니다.
  - 기업의 주요 운영 방식, 수익원 및 사업 부문을 이해하는 데 도움이 됩니다.
  - 경쟁 환경과 업계 내 해당 기업의 시장 점유율을 알 수 있습니다.
  - 합병, 인수 및 확장 계획과 같은 기업의 성장 전략에 대한 정보를 알 수 있습니다.
  - 기업의 운영 및 재무 성과에 영향을 미치는 규제 및 환경 요인을 한눈에 파악할 수 있습니다.

- **Item 5** Management's Discussion and Analysis of Financial Condition and Results of Operations

  해당 연도의 사업 성과에 대한 경영진의 분석을 알 수 있습니다.
  - 재무제표에 표시된 숫자를 넘어 재무 상황에 대해 심층적으로 이해할 수 있습니다.

- 성과에 영향을 미치는 트렌드와 잠재적 문제를 파악하는 데 도움이 됩니다.
- 매출, 비용 및 수익성의 변동과 같은 재무 성과에서 중요한 변화에 대한 경영진의 설명을 파악할 수 있습니다.
- 여기에는 기업의 유동성, 자본, 향후 실적에 영향을 미칠 수 있는 알려진 트렌드나 불확실성에 대한 논의가 포함될 수 있습니다.

- **Item 8 Financial Statements and Supplementary Data**

재무제표를 볼 수 있습니다.
- 재무제표는 자산, 부채, 자본, 수익, 비용 등 회사의 재무 상태를 한눈에 파악할 수 있게 해줍니다.
- 재무제표를 통해 주요 재무 비율과 지표를 계산하여 회사의 성과, 수익성, 유동성, 지급 능력 및 효율성을 평가할 수 있습니다.
- 재무제표에 대한 주석은 재무제표 작성에 사용된 특정 항목, 회계 정책 및 가정에 대한 추가적인 맥락과 설명을 제공합니다.
- 보충 데이터에는 분기별 재무 정보가 포함될 수 있으며, 이를 통해 투자자는 회사 재무 실적의 계절성 또는 단기 추세를 파악할 수 있습니다.

이처럼 투자할 기업에 대해 기본적인 정보를 파악한 뒤에는 이 기업의 최신 소식들을 잘 알아둘 필요가 있겠죠. 이전 장에서 언론 보도를 통해 최신 소식을 파악하는 방법을 알아봤다면, 이번 장에서는 기업에서 직접 발표한 자료를 찾아보는 방법을 살펴보도록 하겠습니다.

대다수 미국 상장사들은 투자자들을 위한 자료를 제작해 기업 IR Investor Relations 웹사이트나 회사 자체 블로그에 게재합니다. 특정 기업에 투자하기로 마음을 먹었다면, IR 웹사이트를 주기적으로 찾아볼 필요가 있습니다. IR 웹사이트를 꼭 찾아봐야 하는 이유로는 무엇이 있을까요?

- **시기적절한 업데이트**: IR 웹사이트는 일반적으로 기업이 최신 재무 결과, 보도 자료 및 중요한 발표를 가장 먼저 공개하는 곳입니다.
- **경영진의 관점**: IR 웹사이트에서 회사의 성과나 향후 계획에 대한 경영진의 견해를 직접 확인할 수 있는 인터뷰, 팟캐스트 또는 실적 발표 녹취록을 확인할 수 있습니다.
- **배당 정보 및 기업 활동**: IR 웹사이트에서는 배당금 지급, 주식 분할이나 자사주 매입 등 투자자의 보유 주식에 직접적인 영향을 미칠 수 있는 기타 기업 활동에 대한 정보를 찾아볼 수 있습니다.

IR 웹사이트와 블로그를 찾는 방법은 간단합니다. 아래에 적혀있는 대로 검색창에 써넣기만 하면 됩니다.

- IR 웹사이트: 기업명 + IR 검색 (Apple IR)

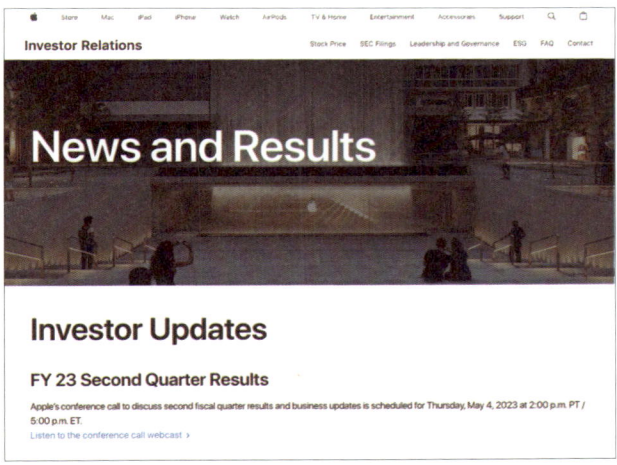

- 기업 뉴스룸: 기업명 + 뉴스룸 (Meta Newsroom)

- 블로그: 기업명 + 블로그 (Google blog)

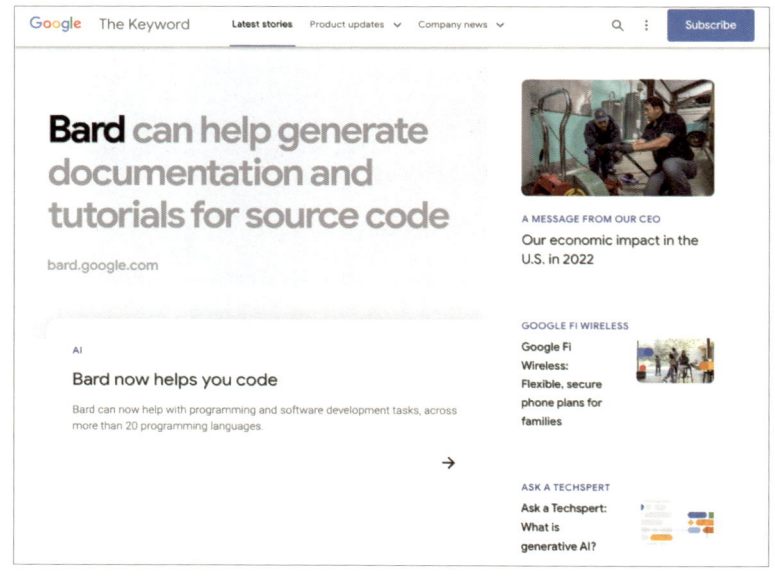

04
섹터에 특화된 지표를 사용해야 하는 이유

주식 투자를 처음 시작할 때 주가수익비율PER이나 자기자본수익률 ROE과 같은 각종 재무지표를 가장 먼저 접하게 됩니다. PER과 ROE가 주식 가치 평가에 가장 널리 사용되는 지표들이기 때문이죠. 먼저 간단히 이들 지표를 살펴보도록 하겠습니다. PER은 기업의 현재 주가와 주당순이익EPS을 비교하여 수익성 측면에서 기업 가치가 어떠한지 알 수 있도록 돕는 지표입니다. PER이 낮을수록 주가가 저평가돼 있을 가능성이 높다는 것을, 반대로 이 비율이 높을수록 주가가 고평가돼 있을 가능성을 보여주죠. 한편 ROE는 순이익과 주주 자본을 비교하여 기업의 수익성을 측정합니다. ROE가 높다는 것은 회사는 주주를 위해 자본을 효율적으로 사용하고 있음을 의미합니다.

이처럼 PER과 ROE와 같은 재무지표들은 주식의 가치를 평가하는 데 필수적인 도구입니다. 하지만 이들에만 의존한다면 각 섹터가 지닌 미묘한 특징을 제대로 포착하지 못할 가능성이 높습니다. 즉, 일반적인 재무지표만을 사용해서는 기업 가치를 온전히 평가하는 데 한계가 있다는 겁니다.

이에 기업의 진정한 가치를 종합적으로 이해하기 위해서 투자자들은 각 섹터에 특화된 지표들을 함께 고려해야 합니다. 이러한 지표는 일반적인 재무지표가 드러내지 못하는 추세와 미묘한 차이를 파악하는 데 도움을 줍니다. 특화된 지표들은 특정 산업 또는 비즈니스 모델의 고유한 특성에 맞춰 고안되었기 때문이죠. 이들 지표를 이해하고 있다면, 우리는 기존의 재무 수치에서 쉽게 파악할 수 없는 정보를 얻을 수 있습니다.

앞으로 이 책에서 각 섹터에 특화된 지표들을 '섹터별 메트릭'이라고 부르도록 하겠습니다. 이들 섹터별 메트릭을 사용해야 하는 이유를 더 자세히 살펴볼까요?

1. **피어 기업 간 비교**: 섹터별 메트릭을 사용하면 같은 섹터 내에서 활동하는 기업들을 더욱 효과적으로 비교할 수 있습니다. 이러한 지표는 섹터 고유의 특성을 고려하기 때문에, 이를 활용하면 일반적인 재무 비율만 가지고 비교할 수 없는 지점들까지 세세하게 비교할 수 있습니다.
2. **관련성 relevance 향상**: 섹터별 메트릭은 특정 섹터 또는 비즈니스 모델의 고유한 측면을 포착하도록 설계돼 있습니다. 이 때문에 기업의 재무 상태를 더 제대로 평가할 수 있습니다.
3. **더 정확한 미래 실적 전망**: 섹터별 메트릭은 특정 섹터와 가장 관련

성이 높은 요소들에 집중함으로써 기업의 매출, 수익성, 성장 동력을 더욱 명확하게 파악할 수 있도록 합니다. 이를 통해 궁극적으로 향후 실적을 더 정확하게 전망할 수 있게 되는 것입니다.

4. **업계 동향 파악**: 섹터별 메트릭은 특정 산업 내에서 새로운 트렌드를 파악할 수 있도록 합니다. 같은 메트릭을 오랜 기간 동안 추적함으로써 해당 섹터의 경쟁 구도나 소비자 선호도의 변화, 기술의 발전, 규제 변화 등이 기업들의 재무 상태에 어떤 영향을 미치는지 더 잘 파악할 수 있게 됩니다.

5. **리스크 평가 능력 제고**: 섹터별 메트릭을 잘 이해하면 특정 기업이나 산업에 내재된 리스크를 더 잘 평가할 수 있게 됩니다. 섹터별 메트릭을 활용하면 기업의 주요 성장 동력을 파악하고, 재무 상태에 영향을 미칠 수 있는 외부 요인들을 파악할 수 있게 됩니다. 이를 통해 해당 기업에 투자했을 때 위험조정수익률을 더욱 정확하게 산출할 수 있습니다.

다음 장부터는 섹터별로 어떤 메트릭을 사용하는지 알아보도록 하겠습니다.

05
농업 섹터 밸류에이션 메트릭

농업 섹터의 특징 이해하기

농업 섹터는 기후, 원자재 가격, 계절성 등의 요인으로 인해 시기별로 수익이 다르게 나타난다는 특징을 보입니다. 이는 수익의 변동성이 크다는 것을 의미합니다. 농업 섹터의 주가수익비율PER을 살펴볼 때는 이러한 특성을 고려해야 합니다. 일례로 수익이 낮은 기간에는 일시적으로 PER이 높아질 수 있습니다. 따라서 농업 섹터의 PER을 고려할 때는 현시점의 PER만을 비교할 것이 아니라 과거의 데이터를 함께 비교해 볼 필요가 있습니다.

또 다른 특징으로는 농업이 자본 집약적인 사업이라는 점을 들 수 있습니다. 이는 토지, 기계, 인프라 등 자본에 상당한 투자가 필요하다는 점을 의미합니다. 이 특징은 농업 섹터의 총자산이익률ROA을 계산할 때 꼭 고려해야 합니다. 농업용 부동산이나 기계 등 설비투자에 들어가는 비용이 높기 때문에, ROA가 낮다고 해서 반드시 수익성이 나쁘다고 평가할 수는 없습니다.

실적 관련 메트릭

- **품목별 가공량**

농업 섹터에서는 대두soybean나 옥수수corn, 유지종자oilseed를 비롯해 여러 가지 작물을 가공해 상품으로 만드는 기업이 많습니다. 어떤 작물을 얼마나 가공했는지에 따라 수익성이 달라지기 때문에 해당 분기나 연도의 원자재 가격과 함께 가공량을 비교하는 것이 좋습니다. 원자재 가격의 경우 실적 발표 보충 자료에 함께 기재되는 경우가 있으니, 이를 참고하면 도움이 됩니다.

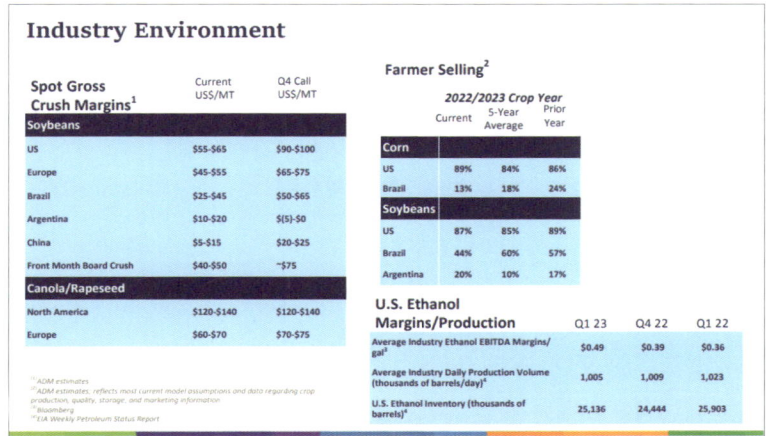

ADM은 IR 자료에 원자재 가격을 포함해 농업 섹터 전반에 영향을 미치는 다양한 요소들을 포함합니다.

- **영업이익 대신 EBITDA**

　EBITDA(법인세, 이자, 감가상각비 차감 전 영업이익)는 기업의 수익성을 측정하는 지표입니다. 일반적으로는 영업이익 대신 순이익을 통해 수익성을 측정합니다. 하지만 농업 섹터와 같이 고정자산 비중이 높아 감가상각비가 큰 사업의 경우 EBITDA를 사용하는 것이 수익성을 제대로 가늠하는 데 더 도움이 될 수 있습니다.

- **원자재 조달 프로그램** Commodity Procurement **잔액**

　미국 농업 및 식량 안보를 지원하기 위해 국내에서 생산 및 가공된 상품 식품을 구매하여 배송하는 USDA의 농산물 마케팅 서비스 프로그램입니다.

유동성 관련 메트릭

농업 섹터는 자본 집약적인 특성으로 인해 상당한 규모의 부채를 보유하는 경우가 많습니다. 유사시에 대비할 수 있는 충분한 유동성을 보유하고 있는지를 눈여겨볼 필요가 있습니다.

- **순부채 대비 EBITDA 비율** Adjusted Net Debt / Adjusted EBITDA

　조정 순부채 대 조정 EBITDA 비율은 해당 기업이 부채를 관리하고 충분한 현금 흐름을 창출할 수 있는지를 평가하는 지표입니다. 이 비율이 낮을수록 부채를 갚을 능력이 높다는 것을 의미합니다.

조정 순부채는 총부채에서 현금 및 현금성 자산을 차감하여 계산합니다. 조정 EBITDA는 순이익에 이자, 세금, 감가상각 외 기타 비용을 더해 산출합니다. 조정 순부채를 조정 EBITDA로 나누면 이 비율을 도출할 수 있습니다.

- **즉시 판매 가능한 재고** RMI

RMI는 Readily Marketable Inventory의 준말로, 일반적으로 유동성이 높고 시장이 커서 현금으로 쉽게 전환할 수 있는 재고를 뜻합니다. 농업 섹터에 투자할 때는 현금성 자산 이외에도 유사시 유동화할 수 있는 자산을 충분히 보유하고 있는 기업을 고르는 것이 중요합니다. 가격 변동성이 높은 농산물 원자재를 다루기 때문에 단기적으로 가격 충격을 받더라도 이를 흡수할 수 있어야 하기 때문입니다.

06

우주항공·방산 섹터 밸류에이션 메트릭

우주항공·방산 섹터의 특징 이해하기

우주항공과 방산 섹터는 일부 특징을 공유하고 있습니다. 실제로 우주항공 섹터에 속하는 기업이 방산 섹터에 함께 속하기도 합니다. 일례로 보잉의 경우 상업용 항공기 외에도 군용 항공기나 우주선을 설계하고 제조하고 있습니다. 이에 이번 장에서는 이 두 섹터를 함께 묶어서 살펴보도록 하겠습니다.

우주항공·방산 섹터의 가장 큰 특징은 진입 장벽이 높다는 것입니다. 높은 기술력이 필요할 뿐만 아니라 제조 설비를 갖추는 데도 어마어마한 자금이 필요하기 때문입니다. 만약 이런 장벽을 뚫고 이들 섹터에 도전하는 스타트업이 생긴다고 하더라도, 보잉이나 록히드 마틴과 같은 레거시 기업들에 인수합병M&A 되는 경우도 많습니다. 즉, 레거시 기업의 시장 영향력이 크다는 것을 의미합니다.

우주항공·방산 섹터의 두 번째 특징은 정부 의존도가 높다는 것입니다. 상업용 항공기의 경우 고객이 정부는 아니지만, 새로운 모델을 출시할 때마다 정부 기관의 규제에 따라 허가를 받아야 합니다. 군용 항공기나 우주선 분야의 경우 정부 계약에 의존할 수밖에 없다는 점은 당연하고요. 이는 정부의 예산 책정에 따라 이들 섹터의 성과를 어느 정도 예측할 수 있다는 점을 의미합니다.

우주항공·방산 섹터 메트릭

- **인도량** Delivery 인도량은 제조된 제품 중 배송이 완료된 건수를 의미합니다. 수주잔고와 함께 특정 상품의 인도량 증감 폭을 살펴봄으로써 기업의 생산 능력과 제품에 대한 수요를 가늠할 수 있습니다.

- **수주잔고** Backlog 수주잔고는 아직 완료되지 않은 주문 건수를 의미합니다. 제품을 인도함에 따라 계약이 완료되기 때문에, 이 지표는 미래 매출과 직결된다고 할 수 있습니다. 눈여겨보아 두는 것이 좋습니다.

- **수주출하비율** Book-to-Bill ratio 수주출하비율은 수주액 book을 출하액 bill으로 나눈 값을 의미합니다. 즉, 신규 계약 금액을 완료된 계약

금액으로 나눈 수치를 의미합니다. 해당 기업의 제품이나 서비스에 대한 수요와 공급을 측정하는 지표라고 할 수 있습니다.

이 비율이 1에 가까울수록 주문 접수 건수(수요)와 청구 완료 건수(공급)가 해당 기간 동안 거의 동일하다는 것을 의미합니다. 수요와 공급이 균형 있게 맞춰져 있다는 의미입니다.

이 비율이 1보다 크면 이 기간 동안 완료할 수 있는 주문보다 신규 주문 건수가 많다는 것을 알 수 있습니다. 즉, 수요가 더 크다는 점을 알 수 있습니다.

반대로 이 비율이 1보다 작으면 처리할 수 있는 주문 건수, 즉 생산 능력 대비 수요가 적다는 것을 의미합니다. 이 비율이 1보다 낮은 상태로 오랜 기간이 지났다면, 해당 기업이 시장 점유율을 잃고 있다는 신호일 수 있으므로 주의해서 볼 필요가 있는 지표입니다.

- **정부 예산 및 부처별 계약 입찰 공고**

정부가 책정한 예산 금액과 과거 매출액을 비교함으로써 올해 실적 추세를 어느 정도 예측할 수 있습니다. 또한 국방부 산하 육군, 공군, 해군 및 항공우주국 NASA 등의 조달 프로그램 procurement program 을 확인해 어떤 기업이 가장 많이 입찰받았는지를 알 수 있습니다.

07 자동차 섹터 밸류에이션 메트릭

자동차 섹터의 특징 이해하기

자동차 섹터는 경기에 민감하다는 특징이 있습니다. 금융 용어로는 이런 특징을 지닌 기업을 '시클리컬'이라고 지칭하며, 우리말로는 경기민감주라고 표현합니다. 경기민감주는 경기에 따라 주가가 큰 폭으로 움직입니다.

일반적으로 시클리컬에 해당하는 기업 중 내구재 기업이 많습니다. 수년에 걸쳐 지속적으로 사용하는 상품을 내구재라고 부릅니다. 자동차뿐만 아니라 가전제품이나 가구 또한 이에 해당합니다. 내구재는 오랜 기간 사용할 수 있도록 제조되기 때문에 가격이 높습니다. 한 번에 지출하는 비용이 높기 때문에 소비자의 소득 변화에 민감하게 반응하게 됩니다.

왜 시클리컬은 경기에 따라 주가 변동성이 크게 나타날까요? 경기 확장기에는 소비자 심리가 향상되고 가처분 소득이 늘어납니다. 주머니

사정이 나아지고 소비자들이 앞으로도 경기가 좋을 것이라고 예상하게 되면 큰돈을 지불할 용의가 늘어나게 됩니다. 이에 따라 자동차 판매가 늘어나 매출이 증가해 주가 상승 동력으로 작용하게 됩니다. 반대로 경기 둔화기에는 매출이 하락해 주가가 떨어지는 현상이 나타납니다.

이에 따라 경기 상승기에는 매출과 순이익이 상승하면서 주가가 올라 주가수익비율PER이 높아지는 현상을 발견할 수 있습니다. 반대로 경기 침체기에는 수요가 급감하면서 순이익이 감소해 PER이 낮아질 수 있습니다.

또한, 현재 자동차 섹터에 투자할 때는 EV와 자율주행이라는 트렌드를 함께 이해할 필요가 있습니다. 이런 트렌드를 선도하는 기업은 일반적으로 높은 PER을 보이는 반면, 이에 뒤처지는 기업은 PER이 낮게 나타나고 있습니다.

자동차 섹터 메트릭

- **차량 판매량과 시장 점유율** Market share

판매량과 시장 점유율이 높다는 것은 해당 기업이 우수한 경쟁 전략과 효과적인 유통망을 갖추고 있으며, 시장에서 소비자 수용도가 높다는 것을 의미합니다. 그러나 이러한 지표는 수익성과 균형을 이루어야 합니다. 높은 판매량을 기록하더라도 마진이 낮다면, 판매량이 낮고 높은 마진을 기록하는 기업보다 유리하지 않을 수 있습니다.

- **평균거래단가 ATP** ATP는 차량이 판매되는 평균 가격을 측정한 수치입니다. 이 수치를 활용해 기업의 가격 전가력Pricing power과 상품 포트폴리오의 특성을 이해할 수 있습니다. ATP가 상승하면 상품 포트폴리오가 고급 모델을 중심으로 바뀌고 있거나 수요에 영향을 주지 않으면서 가격을 인상할 능력이 있다는 것을 의미할 수 있습니다.

- **인도량 Delivery** 인도량은 제조된 제품 중 배송이 완료된 건수를 의미합니다. 생산량과 인도량 증감 폭을 살펴봄으로써 기업의 생산 능력과 제품에 대한 수요를 가늠할 수 있습니다. 생산량과 인도량은 스타트업이 많은 전기차EV 섹터에서 사업의 지속가능성을 따질 때 눈여겨봐야 하는 대표적인 지표입니다.

- **재고 회전율 Inventory Turnover** 기업이 재고를 얼마나 빨리 판매하는지를 측정하는 지표입니다. 자동차 섹터에서 재고 회전율이 높다는 것은 차량에 대한 수요가 많고 재고 관리가 효과적이며 노후화 위험이 낮다는 것을 의미합니다. 반대로 재고 회전율이 낮으면 차량이 과잉 생산되거나, 수요가 감소하고 있거나 상품에 문제가 있어 차량 판매 속도가 빠르지 않다는 것을 의미할 수 있습니다.

- **매출 중 연구개발비용이 차지하는 비중** R&D as a percentage of sales 기업이 미래 성장과 혁신에 얼마나 투자하고 있는지 파악할 수 있는 지표입니다. 특히 EV와 자율주행과 같은 신산업이 떠오르는 지금, 경쟁력을 유지하기 위해 개별 기업들은 많은 자금을 연구개발에 투입하고 있습니다. R&D 지출이 높으면 현재 수익이 감소하지만, 기술이 급격하게 변화하는 시대에 미래의 성공을 위한 입지를 다질 수 있습니다.

08
반도체 섹터 밸류에이션 메트릭

반도체 섹터의 특징 이해하기

반도체 섹터의 가장 큰 특징은 경기민감주라는 것입니다. 자동차 섹터와 마찬가지로, 반도체는 고가의 제품에 탑재되는 경우가 많기 때문입니다. 반도체 섹터는 지난 20년간 약 13%의 성장률을 보인 고성장 섹터이기는 하나, 경기에 따라 단기 변동성이 크게 나타날 수 있기 때문에 주의할 필요가 있습니다.

또한, 반도체는 완제품이 아니기 때문에 지정학적 긴장의 영향을 받습니다. 최근 대두되고 있는 미중 간 반도체 규제 등 지정학적 긴장은 개별 기업의 매출에 큰 영향을 미치고 있습니다. 미국의 경우, 엔비디아의 첨단 데이터센터 반도체를 콕 집어 중국에 수출하지 못하도록 막기도 했습니다. 따라서 각국의 긴장관계를 고려해 그 피해와 수혜를 입을 기업이 어디인지 미리 파악하는 것이 중요합니다.

반도체 섹터에서는 투자하려는 기업이 어떤 사업 모델을 채택했는지도 잘 살펴봐야 합니다. 최근 반도체 섹터의 투자 트렌드는 반도체 설계와 제작을 전부 함께하는 모델보다는, 설계와 제작을 분담하는 기업이 각광받고 있습니다. 반도체 설계를 전문으로 하는 기업은 팹리스로 불리며, 대표 기업으로는 엔비디아가 있습니다. 반도체 제작만 담당하는 기업은 파운드리라고 부르며, TSMC가 대표적입니다. 인텔과 삼성전자 DS 부문 등은 종합 반도체 기업이지만, 이들 두 기업은 파운드리 강화에 힘을 싣고 있습니다.

마지막으로 반도체 섹터는 제품의 수명이 짧은 것이 특징입니다. 기술 발전이 빠르게 이뤄지고 있기 때문입니다. 최신 공정을 재빨리 개발하고 높은 수율을 담보할 수 있는 기업에 투자할 때 높은 투자 수익을 얻을 수 있다는 점을 기억해야 합니다. 그만큼 반도체 섹터에 투자할 때는 업계의 최신 동향을 재빨리 파악하는 자세가 중요합니다.

반도체 섹터별 메트릭

- **수율** Yield 반도체 수율은 결함 없이 정상 작동하는 반도체 완제품의 비율을 의미합니다. 반도체 제조 과정은 복잡하기 때문에, 모든 완제품이 의도한 대로 작동하기 어렵습니다. 원자재의 미세한 결함, 공정의 변화 또는 오염으로 인해 결함이 발생할 수 있습니다. 수율이 낮을 경우 반도체 제조에 들어간 매출원가 대비 매출액이 적게

집계될 수밖에 없습니다. 이처럼 수율은 기업의 수익성에 영향을 미치기 때문에 필수적으로 눈여겨봐야 하는 지표입니다. 수율이 높을수록 웨이퍼당 더 많은 기능의 칩을 생산할 수 있어 칩당 원가를 낮추고 수익성을 높일 수 있으므로 수율을 지속적으로 개선하는 것이 과제입니다.

- **반도체 공정** 최근 반도체 업체 사이에서는 3나노 첨단 공정을 둘러싼 경쟁이 한창입니다. 더 낮은 나노미터 공정을 개발하는 것이 주요 과제로 꼽힙니다. 반도체 공정을 파악할 때는 단순히 더 낮은 나노미터 공정을 개발했는지를 파악하는 것을 넘어, 높은 수율을 확보했는지, 출하와 양산이 시작됐는지를 함께 고려해야 합니다.

- **웨이퍼 스타트** Wafer start 웨이퍼 스타트는 반도체를 제조하기 위해 처리하는 웨이퍼의 수를 나타냅니다. 웨이퍼는 적게는 수백 개, 많게는 수천 개의 개별 칩을 담을 수 있는 실리콘 조각입니다. 웨이퍼 위에 회로를 만들고 열처리를 하는 등 가공이 끝나면 다이싱이라는 공정을 통해 웨이퍼에서 개별 칩을 잘라내게 됩니다.

웨이퍼 스타트 수를 늘리는 것은 반도체 기업이 생산량을 늘리는 방법 중 하나로 꼽힙니다. 이 때문에 웨이퍼 스타트 수는 생산량과 설비 가동률을 나타내는 유용한 지표로 사용될 수 있습니다. 충분한 제조 능력을 갖추고 수율을 효과적으로 관리되는 가운데 웨이퍼 스타트 수가 높다면, 반도체 기업의 매출은 증가하는 모습을 보이게 됩니다. 이 지표는 일반적으로는 월 단위로 웨이퍼 스타트를 얼마나 사용했는지를 측정해 나타냅니다.

웨이퍼 스타트 수를 통해 반도체 수요 또한 확인할 수 있습니다. 반도체 수요가 높으면 사용된 웨이퍼 스타트의 수가 많아지고, 반대로 수요가 낮으면 웨이퍼 스타트의 수도 낮아집니다.

- **평균 판매 가격** ASP, Average Selling Price ASP는 각 반도체 상품의 평균 가격을 의미합니다. ASP는 회사의 가격 전가력과 수익성을 파악할 수 있는 지표입니다.

- **재고 회전율** 재고 회전율은 기업이 재고를 얼마나 빨리 판매하는지를 나타냅니다. 이 지표는 기업이 재고를 효과적으로 관리해 수요를 충족할 수 있는 능력을 보여줍니다. 재고 회전율은 매출원가를 평균 재고량으로 나눈 값으로 파악할 수 있습니다.

09

소프트웨어 섹터 밸류에이션 메트릭

소프트웨어 섹터의 특징 이해하기

과거 소프트웨어 기업의 사업 모델은 소프트웨어 사용 라이선스 판매를 중심으로 이뤄져 있었습니다. 하지만 최근 수년 동안 소프트웨어 업계에서는 구독제를 도입해 서비스형 소프트웨어SaaS 플랫폼으로 전환하는 사례가 늘고 있습니다. SaaS는 소프트웨어 시장의 기본 사업 모델로 자리 잡고 있는 상황입니다.

  SaaS 모델의 가장 큰 특징은 정기적인 구독 매출을 통해 안정적인 수익원을 확보할 수 있다는 것입니다. SaaS 모델 도입 이전에는 라이선스를 판매하면 영구적으로 사용하게 되기 때문에 매출이 일회성으로 발생했습니다. 따라서 가격을 높게 책정할 수밖에 없었죠. 이에 따른 진입 장벽이 있었습니다. 하지만 SaaS 전환 이후에는 구독료를 훨씬 적은 가격으로 책정해 더 많은 사람들이 소프트웨어를 사용할 유인을 만들어냈습니다. 이처럼 낮은 진입 장벽은 SaaS 섹터의 성장 잠재력을 크게 높여줬습니다.

하지만 SaaS 모델에 장점만 있는 것은 아닙니다. 고객들이 쉽게 구독을 취소할 수 있기 때문에, 안정적인 매출을 유지하기 위해선 고객이 구독을 해지하지 않고 계속 유지하도록 해야 합니다. 따라서 SaaS 기업에 투자할 때도 고객 유지율을 주의 깊게 확인할 필요가 있습니다.

SaaS 섹터 메트릭

- **부킹** Booking

신규 수주 혹은 부킹은 일정 기간 동안 체결된 계약의 총가치를 의미합니다. 여기에는 신규 계약과 갱신이 모두 포함됩니다. 부킹은 서비스가 제공되고 대금이 수금될 때 회사가 향후 얼마나 많은 매출을 인식할 것으로 예상할 수 있는지를 알려줍니다.

- **수주잔고** RPO

RPO는 부킹 중 아직 매출로 인식하지 않은 금액을 말합니다. SaaS 섹터에서 RPO는 회사의 미래 수익원에 대한 인사이트와 회사의 판매 파이프라인에 대한 가시성을 제공합니다.

- **연간 반복 수익ARR 또는 월간 반복 수익MRR**

    ARR과 MRR 지표는 특정 연도나 월의 반복 수익의 가치를 측정합니다. 이 지표를 통해 일정 기간 동안 해당 기업이 얻은 수익을 알 수 있습니다. 이 지표는 매출 안정성과 향후 성장 잠재력에 대한 인사이트를 제공합니다.

- **고객당 평균 수익ARPU**

    고객 한 명당 평균적으로 창출되는 매출을 나타내는 지표입니다. ARPU는 회사의 가격 전가력과 매출 성장 가능성에 대한 인사이트를 제공합니다.

- **고객 확보 비용CAC, Customer Acquisition Cost 및 CAC 페이팩 기간**

    CAC는 신규 고객을 확보하는 데 드는 비용을 가리킵니다. CAC 페이백 기간은 구독 수익을 통해 신규 확보 비용을 회수하는 데에 걸리는 시간을 의미합니다.

- **고객 평생 가치LTV 대 CAC 비율**

    이 비율은 구독 기간 동안 한 고객으로부터 창출할 수 있는 총수익LTV과 해당 고객을 확보하는 데 드는 비용CAC을 비교한 지표입니다. 이 비율이 높을수록 비즈니스 모델이 더 효율적으로 운영되고 있다는 것을 의미합니다. 또 이 비율이 높다면 잠재적인 수익성이 더 높을 수 있습니다.

- **해지율** Churn rate

일정 기간 동안 구독을 취소한 고객의 비율을 의미합니다. 해지율이 낮을수록 고객 만족도가 높고 장기적인 수익 안정성이 높다는 것을 의미합니다.

- **순수익 유지율** NRR

NRR은 구독제 업그레이드, 다운그레이드, 해지 등을 고려해 기존 고객의 반복 매출 Recurring Revenue의 변화를 측정합니다. NRR이 100% 이상이면 신규 고객을 유치하지 않고도 기존 고객의 매출이 증가하고 있음을 나타냅니다. 이 지표를 통해 해당 기업의 소프트웨어가 혁신을 통해 기존 고객을 유지하고 있다는 사실을 알 수 있습니다.

10
SNS 섹터 밸류에이션 메트릭

SNS 섹터의 특징

2010년대 이후 현대 사회에서 매일 사람들은 SNS 플랫폼을 활용합니다. 사람들이 정보를 찾고 서로 소통할 수 있는 장을 제공함으로써 SNS 섹터는 글로벌 경제의 큰 축으로 자리 잡았습니다. 이 때문에 SNS 섹터에 투자할 때는 이 섹터의 비즈니스 모델을 이해하는 것이 중요합니다.

SNS 섹터의 가장 두드러지는 특징은 네트워크 효과입니다. 이는 입소문이 새로운 고객을 불러들이는 것에 비유할 수 있습니다. 다수의 사용자를 확보한 플랫폼은 유용한 정보를 더 많이 확보하게 되고, 이런 정보를 찾아 많은 사용자들이 새로 유입되는 선순환 구조를 네트워크 효과라고 부릅니다. 따라서 SNS 플랫폼은 더 많은 사용자를 확보할수록 가치가 높아진다고 할 수 있습니다.

SNS 섹터는 광고 수입이 주요 매출원입니다. 많은 데이터를 모을수록 광고 노출 대비 실제 구매로 이어지는 계정을 더 잘 파악할 수 있습니다. 고도화된 광고 알고리즘을 갖춘 기업이 더 좋은 실적을 낼 수 있다는 점을 기억해두는 것이 좋습니다.

다만 SNS 섹터에 투자할 때는 규제 당국의 움직임을 눈여겨볼 필요가 있습니다. 세계적으로 점차 데이터 프라이버시에 대한 우려가 커지면서, 데이터 활용과 관련해 규제를 받는 SNS 기업이 늘어나고 있습니다. 새로운 법안으로 인해 영향을 받을 기업이 어디인지 미리 파악해 주가 흐름을 관찰하는 것이 중요한 시점입니다.

SNS 섹터 메트릭

- **월간 활성 사용자 수 MAU / 일일 활성 사용자 수 DAU**

MAU와 DAU는 플랫폼 사용자 기반의 규모를 나타내는 지표입니다. 또한 '활성 사용자'라는 단어에서 알 수 있듯이, 이 지표는 죽은 계정이 아니라 플랫폼 내에서 활발하게 활동하는 계정의 수를 보여줍니다. MAU와 DAU가 높을수록 광고주에게 매력적인 SNS 플랫폼이라는 점을 알 수 있습니다. 결국 높은 MAU와 DAU가 매출로 직결되는 셈입니다.

- **사용자 수 성장률**

SNS 기업에 투자하기 이전에 장기간에 걸쳐 MAU와 DAU의 성장 추세를 파악할 필요가 있습니다. 이 성장 추세는 해당 플랫폼이 새로운 사용자를 유치하는 속도를 보여주는 지표이기 때문입니다. 사용자 증가율이 가파를수록 향후 실적이 향상될 가능성이 높다고 평가할 수 있습니다.

- **사용자당 평균 수익** ARPU, **클릭당 비용** CPC, Cost Per Click **및 클릭률** CTR, Click Through Rate

ARPU는 사용자당 얼마나 많은 수익을 창출하는지를 나타내는 지표입니다. 클릭당 비용과 클릭률은 사용자들이 누른 광고와 관련된 수치를 의미합니다. 시간에 따른 ARPU의 변화 흐름과 CPC, CTR을 함께 고려한다면 향후 해당 기업의 광고 매출의 흐름을 예측할 수 있습니다.

- **참여율** Engagement Rate

참여도 지표(예: 공유, 좋아요, 플랫폼에서 보낸 시간)는 사용자가 플랫폼 및 콘텐츠와 얼마나 활발하게 상호작용하는지 보여줍니다. 참여도가 높은 플랫폼은 광고주에게 더 매력적으로 여겨지며, 따라서 향후 수익이 증가할 가능성이 높다고 볼 수 있습니다.

11

엔터테인먼트 섹터 밸류에이션 메트릭

엔터테인먼트 섹터의 특징

엔터테인먼트 섹터의 주요 자산은 지적 재산IP, Intellectual Property입니다. 성공적인 기업은 일반적으로 다양한 채널을 통해 장기적으로 수익을 창출할 수 있는 콘텐츠 포트폴리오를 보유하고 있습니다. 이들 기업이 보유한 히트 콘텐츠와 소비자 선호도가 회사 수익에 미치는 영향을 이해하는 것이 중요한 이유입니다.

또 엔터테인먼트 섹터에는 다양한 유통 채널이 포함돼 있습니다. 최근 콘텐츠 소비의 주축으로 자리 잡은 OTT 스트리밍 채널뿐만 아니라 영화 박스오피스, TV 채널 등 다양한 채널이 이 섹터에 속해 있습니다. 한 기업이 여러 유통 채널을 보유한 경우도 있기 때문에 각 유통 채널별 수익 변화 추이를 추적하는 것이 기업 가치를 측정하는 데 도움이 됩니다.

마지막으로 엔터테인먼트 섹터는 수익 모델도 여러 가지 형태입니다. 스트리밍 구독 서비스부터 광고, 영화 박스오피스 매출, 머천다이징(굿즈 판매), 라이선스 계약 등이 그것이죠. 대표적인 엔터테인먼트 기업인 월트 디즈니의 경우 콘텐츠 IP 외에도 테마파크 등을 통해 높은 매출을 올리고 있습니다.

엔터테인먼트 섹터 메트릭

- **보유 콘텐츠 IP**

보유하고 있는 콘텐츠 IP의 유행을 통해 향후 잠재 수익성을 파악할 수 있습니다. 콘텐츠 소비를 통해 창출하는 매출 이외에도 높은 시청률과 참여도는 광고주를 유치하고 광고 수익을 높이는 데 기여하기 때문입니다.

- **구독자 증가 및 이탈**

스트리밍 서비스와 같은 구독 모델을 채택한 엔터테인먼트 기업을 이해할 때는 구독자 증가율 및 이탈률과 같은 지표를 파악하는 것이 필수적입니다. 해당 기업이 장기적으로 시장 점유율을 확보하고 고객 기반을 확대할 수 있는지에 대한 통찰을 제공하기 때문입니다.

- **플랫폼 사용 시간**

플랫폼 사용 시간은 사용자가 회사의 스트리밍 서비스에 소비한 시간을 추적하는 지표입니다. 스트리밍 서비스를 제공하는 기업을 평가할 때 평균 플랫폼 사용 시간은 시청자의 콘텐츠 수요를 측정할 수 있는 지표로 작용하기 때문입니다.

- **수익원 분석**

투자하려는 기업이 얼마나 다양한 수익원을 확보하고 있는지 파악할 필요가 있습니다. 콘텐츠 IP 이외에도 광고와 구독 등 서로 다른 매출처에서 어떤 성과를 보이고 있는지 이해하면, 해당 기업의 장기적 재무 건전성과 성장 잠재력을 평가하는 데 도움이 될 수 있습니다.

- **제작 비용**

영화나 TV 프로그램과 같은 회사의 콘텐츠를 제작하는 데 드는 비용을 측정해 수익성을 파악할 필요가 있습니다. 제작비와 매출을 파악함으로써 해당 기업의 비용 구조와 장기 수익성을 파악할 수 있습니다.

12

의료 섹터 밸류에이션 메트릭

의료 섹터의 특징

의료 섹터에는 양가적인 특징이 있습니다. 이 섹터는 연구개발R&D의 성공에 대한 의존도가 높습니다. 연구개발이 실패하면 투입된 모든 비용이 매몰됩니다. 그러나 반대로 신제품 개발이 성공한다면, 매우 높은 수익을 추구할 수 있습니다.

제약 섹터에 투자할 때 신약 개발의 실패 가능성을 항상 염두에 두어야 합니다. 미국 식품의약국FDA에 따르면, 임상시험을 시작한 신약 중 오직 12%만이 FDA 인증을 받습니다. 평균적으로 연구개발부터 임상시험, 제조까지 신약을 개발하는 데는 26억 달러가 소모됩니다. 자본을 쏟아 넣고도 제품을 판매하지 못할 가능성이 높다는 것을 꼭 기억해야 하는 이유입니다.

이에 더해 신약 개발은 최소 10년에서 15년 사이 매우 긴 시계열로 지켜봐야 합니다. 전임상 테스트, 3단계로 진행되는 임상시험을 모두 거쳐야 하기 때문입니다. 임상시험에서 성공한 이후에는 FDA 승인을 기다려야 합니다. 그뿐만 아니라 시장 진출에 성공하더라도, 약을 투여한 환자들에게서 부작용이 발생하면 판매를 중단해야 하는 경우도 발생합니다.

마지막으로 이 섹터는 비즈니스 모델이 다소 복잡하다는 점도 유의해야 합니다. 의료보험과 같은 서비스로 인해 보험회사나 정부 등 제삼자가 의료제품이나 서비스의 비용을 지불하는 경우가 많기 때문입니다. 이는 매출 인식 시점이 다양하게 나타날 수 있다는 것을 의미합니다.

제약·헬스케어 섹터 메트릭

- **신약 개발 파이프라인**

신약 파이프라인은 다양한 개발 단계에 있는 신약 포트폴리오를 의미합니다. 전임상, 임상시험, 규제 승인 단계에 있는 신약으로는 무엇이 있는지, 각 개발 단계별 진행 상황을 추적할 필요가 있습니다. 어떤 종류의 약을 개발하고 있는지를 파악하면 해당 약의 개발에 성공했을 때 어떤 시장을 대상으로 얼마나 많은 매출을 올릴 수 있는지 예측할 수 있습니다.

- **임상시험 성공률**

임상시험 단계를 성공적으로 통과한 신약의 비율을 의미합니다. 임상시험 성공 횟수를 총 임상시험 진행 횟수로 나눠 계산합니다.

- **FDA 승인율**

FDA에서 승인한 약물 또는 치료법의 수를 측정합니다. 승인율이 높을수록 성공적으로 시장에 약품을 내놓을 수 있다는 것을 의미합니다.

- **특허 만료일**

특허가 만료되면 경쟁업체가 제네릭 약품을 생산할 수 있게 됩니다. 제네릭 약품은 기존에 출시된 약품과 동일한 성분을 가진 복제약을 의미합니다. 동일한 성분을 가진 약품을 여러 업체에서 제조해 판매할 수 있게 되면 신약 개발사의 실적에 영향을 미칠 가능성이 높습니다. 반대로 제네릭 약품 위주로 판매하는 제약업체의 경우 특허 만료의 수혜를 입을 수 있습니다.

- **연구 개발 R&D 지출**

R&D 지출은 제약 회사가 신약 및 치료법을 개발하는 데 지출한 금액을 의미합니다. 제약 섹터에서 R&D 지출은 성장과 경쟁력, 신제품 개발 능력에 대한 인사이트를 제공하는 매우 중요한 지표입니다.

- **환급률**

의료 서비스 또는 의료 기기를 제공하는 기업의 경우 보험사로부터 환급받는 요율이 수익에 큰 영향을 미칠 수 있습니다. 아래의 GTN 가격 조정과 연관되는 지표라고 볼 수 있습니다.

- **총-순 GTN 가격 조정**

GTN 가격 조정은 의약품 정가 대비 할인, 리베이트 및 기타 공제를 적용한 후의 실제 판매 가격 간의 차이를 보여주는 지표입니다. 이 지표는 총매출에서 총공제액을 차감한 순매출을 의미합니다. 제약 섹터에서 GTN 가격 조정은 기업의 가격 책정 전략과 할인 및 리베이트가 수익성에 미치는 영향에 대한 인사이트를 제공합니다.

13
금융 섹터 밸류에이션 메트릭

금융 섹터의 특징

금융 섹터는 거시 경제와 금리에 매우 민감하다는 특징을 보입니다. 주식 투자자들 모두 연방준비제도Fed와 연방공개시장위원회FOMC의 금리 결정을 유심히 살펴보지만, 금융 섹터에 투자하는 이들이라면 이에 주의를 더 기울여야 한다는 점을 의미합니다.

금융 섹터에 투자할 때는 해당 기업의 리스크 관리 능력을 눈여겨봐야 합니다. 지난 2023년 3월 실리콘밸리은행SVB 뱅크런이나 크레디트스위스의 몰락이 금융 기업의 리스크 관리 능력의 중요성을 보여주는 대표적인 사례입니다. 따라서 금융 기업의 재무 상황과 자본 구성을 자세히 살펴보는 것이 중요하다고 할 수 있습니다.

마지막으로 금융 섹터는 은행, 보험, 자산 관리, 금융 자문 등 범위가 매우 넓다는 특징이 있습니다. 하지만 금융 섹터를 평가하는 데 필요한 주요 지표는 크게 다르지 않습니다. 따라서 아래 지표를 잘 파악한다면 세부 섹터가 다르더라도 기업을 평가하는 데 도움을 받을 수 있습니다.

금융 섹터 메트릭

- **운용자산** AUM

AUM은 금융 기업이 관리하는 자산의 총 시장 가치를 의미합니다. 해당 기업의 비즈니스 규모와 향후 성장 잠재력을 평가하는 데 중요한 지표입니다.

- **자기자본 수익률** ROE

ROE는 기업이 주주 자본으로 얼마나 많은 이익을 창출했는지를 보여주는 지표입니다. 수익성을 측정하는 주요 지표라고 할 수 있습니다.

- **자산 수익률** ROA

ROA는 기업이 보유한 자산 1달러당 얼마나 많은 수익을 창출하는지를 측정합니다. 이 지표는 기업의 자산에서 수익을 창출할 수 있는 능력을 나타내므로 금융 부문을 분석할 때 중요합니다.

- **순이자마진** NIM

NIM은 금융사가 자산을 운용하면서 얼마만큼의 수익을 냈는지를 나타내는 지표입니다. 은행이 운용하고 있는 자산의 단위당 이익률을 보여주는 지표입니다. NIM이 높을수록 은행의 수익이 커지게 됩니다. 다만 이 경우 언론에서 고객의 예금을 저금리로 유치해 고금리 대출을 한다는 비판 기사가 나와 이 지표를 떨어뜨리는 결과로 이어질 수 있다는 점을 알아두면 도움이 됩니다.

- **예대율** LDR

예대율은 대출금을 예수금으로 나눈 비율을 의미합니다. 각 은행이 조달한 예수금을 초과하여 대출을 취급하는 것을 지양하도록 유도하기 위한 지표라고 할 수 있습니다. 예대율의 표준비율은 100%로, 예대율이 100%를 넘기면 예금보다 대출이 많다는 것을 의미합니다.

- **부실채권** NPL

부실채권은 제때 상환되지 않은 대출을 의미합니다. 더 정확히는 부실대출금(장기연체/손실비용)과 부실지급보증액을 합친 금액으로 3개월 이상 연체된 대출을 나타내는 지표입니다. 금융회사는 3개월 이상 연체 채권을 대출 원금보다 낮은 가격에 매각 또는 유동화하거나 회계상 손실 처리합니다. 따라서 이 비율이 높아지지 않는지 눈여겨볼 필요가 있습니다.

- **대손충당금** Reserve for bad debts

대손충당금은 잠재적인 대출 손실을 충당하기 위해 따로 마련해 둔 금액을 의미합니다. 잠재적인 대출 손실에 대한 은행의 준비 상태를 나타내므로 재무 건전성을 평가할 때 주의 깊게 살펴봐야 하는 지표입니다.

- **기본자본비율** Tier 1 Capital Ratio

기본자본비율은 위험가중자산 대비 기본자본(보통주+신종자본증권 등 기타 기본자본)의 비율을 나타냅니다. 보유 자본의 질적 수준을 나타내는 지표라고 할 수 있습니다. 이 지표 또한 재무 건전성을 평가할 때 주의 깊게 살펴보는 것이 좋습니다.

14
부동산 리츠 섹터 밸류에이션 메트릭

리츠 섹터의 특징

리츠 섹터는 부동산 투자신탁을 의미합니다. 이 섹터는 부동산 자산을 통해 소득을 창출하는 기업들로 구성돼 있습니다. 리츠는 투자자가 부동산을 실제로 보유하지 않고도 부동산에 투자하고 배당금을 받을 수 있는 투자 상품입니다.

따라서 리츠 섹터는 여타 섹터와 다르게 부동산 사이클을 따릅니다. 부동산 가치의 등락, 대출 금리와 같이 부동산 시장 역학 관계에 영향을 미치는 요소들을 이해하면 진입 시점을 잡는 데 도움이 됩니다.

리츠 섹터의 또 다른 특징은 높은 배당금입니다. 리츠는 법에 따라 과세 소득의 90% 이상을 주주에게 배당금으로 지급해야 합니다. 따라서 다른 섹터에 비해 높은 배당 수익률을 달성할 수 있습니다. 또한 소득의 대부분을 배당하기 때문에, 배당 소득에 대한 법인세도 납부하지 않는다는 특징이 있습니다.

리츠 섹터 메트릭

- **운영 자금** FFO

FFO는 기업의 영업활동 현금흐름과 비슷한 의미입니다. 영업 현금흐름이 기업의 실제 현금흐름을 보여주듯이, FFO는 리츠의 운영 성과를 현실적으로 보여주는 지표입니다. 기업 투자의 EPS와 유사하게 사용되는 지표로 이해하면 쉽습니다. FFO는 순이익에서 감가상각비를 더하고, 부동산 매각 이익을 빼서 계산합니다. 따라서 투자를 결정하기 이전에 이 수치를 확인해보는 습관을 들인다면 도움이 될 수 있습니다.

- **조정 후 운영 자금** AFFO

AFFO는 FFO에서 반복적인 현금흐름을 더해 조정한 수치를 의미합니다. 이 지표는 FFO에서 리츠 자산의 가치를 유지하는 데 필요한 자본지출 Capex를 차감해 산출합니다. AFFO는 리츠의 실질적인 현금흐름을 보여주는 지표로 사용되고 있습니다.

- **부채 비율(총부채 / 주주 자본)**

부채 비율은 리츠의 총부채와 주주 자본을 비교한 레버리지 정도를 보여줍니다. 이 지표는 리츠의 부채 관리 능력을 나타내므로 리츠 섹터를 분석하는 데 중요합니다.

- **입주율** Occupancy Rate

입주율은 현재 임대 중인 리츠 부동산의 비율을 측정합니다. 즉, 공실률과 반대되는 지표라고 할 수 있습니다. 이 지표는 주식형 리츠 투자에 있어 임대 수익과 직결되기 때문에 꼭 확인하는 것이 좋습니다.

- **가중 평균 임대 기간** WALT

WALT는 리츠 임대 계약 중 잔여 임대 기간의 평균을 나타내는 지표입니다. 잔여 임대 기간이 길수록 리츠의 수익이 안정적이라고 평가할 수 있습니다.

- **자본환원율** Cap rate

캡레이트는 투자금 대비 순수익을 의미하는 지표입니다. 따라서 캡레이트가 높을수록 긍정적이라고 이해할 수 있습니다. 이 지표는 부동산의 순영업수익을 부동산의 시장 가치로 나눠 산출합니다.

15
운송 섹터 밸류에이션 메트릭

운송 섹터의 특징

운송 섹터의 가장 큰 특징은 경기에 민감하다는 점입니다. 경제가 호황일 때는 상품과 사람의 이동 수요가 많고, 경기 침체기에는 반대로 수요가 줄어들기 때문입니다. 앞서 살펴본 여러 섹터들과 같이 시클리컬로 분류되고 있습니다.

또 운송 섹터는 고정비용이 높다는 특징을 갖고 있습니다. 비행기나 선박, 트럭, 기차 등과 같은 운송 수단과 항구, 철도, 공항 등 인프라와 관련된 비용이 높기 때문입니다. 이 비용은 수요가 적을 때 쉽게 처분(유동화)할 수 없기 때문에 고정비용을 잘 관리하는 기업을 고르는 것이 중요합니다.

마지막으로 운송 섹터는 에너지 가격 변동의 영향을 크게 받는다는 특징을 갖고 있습니다. 운송 수요가 적어 유가 상승 비용을 고객에게 전가할 수 없다면, 단기적으로 수익성이 크게 줄어들 수 있다는 점에

유의해야 합니다.

운송 섹터 메트릭 - 통합

- **연료소비량** Fuel gallons consumed

연료소비량은 운송 섹터 전반에서 중요하게 여겨지는 지표입니다. 해당 분기나 연도, 특정 기간 동안 소비된 총 연료의 양을 측정합니다.

연료소비량이 중요한 이유는 이를 통해 한 가지로 여러 가지를 살펴볼 수 있기 때문입니다.

1. 운영 효율성 연료를 더 효율적으로 사용하는 회사는 같은 거리를 이동하거나 같은 화물을 운반하는 데 더 적은 양의 연료를 사용합니다. 연료를 효율적으로 사용하기 위해서는 이동 경로를 최적화하거나 차량을 잘 정비하는 등의 노력이 필요합니다.
2. 비용 및 수익성 유류비는 운송 회사에서 가장 비중이 큰 비용 중 하나입니다. 유류비를 고객에게 전가할 수 없다면 연료 가격 인상은 기업의 수익성에 큰 영향을 미칠 수 있습니다.

운송 섹터 메트릭 - 여객 부문

- **Available Seat Miles** ASM:

ASM은 운송 기업의 총공급 능력을 나타냅니다. 이 지표가 높을수록 승객이나 화물을 더 많이 태울 수 있다는 것을 의미합니다.

- **Revenue Per Mile** RPM:

RPM은 공급 능력 대비 수송 실적을 나타내는 지수입니다. ASM이 공급 능력이라면, RPM은 실제 수송한 거리를 의미합니다. RPM이 ASM 대비 높다면, 이는 해당 기업이 공급과 수요를 효율적으로 조절하고 있다는 점을 알 수 있습니다.

- **Cost per Available Seat Mile** CASM:

CASM은 비용 효율성을 나타내는 지표입니다. CASM은 총 영업비용을 ASM으로 나눠 측정합니다. CASM이 낮을수록 한 좌석/화물 당 더 적은 비용을 지출하고 있다는 점을 보여줍니다. 즉, 비용을 더 효율적으로 사용하고 있다는 점을 알 수 있습니다.

운송 섹터 메트릭 - 화물 부문

- **적재율** Load Factor, L/F

적재율은 해당 기업이 가용 수용력 대비 얼마나 화물을 적재했는지를 나타냅니다. 이 비율이 높을수록 한 번 운송할 때마다 더 효율적으로 많은 화물을 적재했다는 것을 알 수 있습니다. 적재율은 사업의 효율성을 나타내므로 주의 깊게 살펴볼 필요가 있습니다.

- **톤 마일당 수익** RPTM:

RPTM은 화물 1톤을 1마일당 운송함으로써 창출한 매출을 의미합니다. 이 지표가 높을수록 1톤의 화물을 1마일 옮기는 데 더 많은 돈을 벌어들였다는 것을 의미합니다. 따라서 RPTM은 화물 사업 부문의 수익성을 직관적으로 알 수 있는 지표로 사용됩니다.

- **총 톤 마일** Gross Ton Miles, GTM

GTM은 철도 운송 기업에서 사용되는 지표로, 열차가 운반한 총중량(열차와 화물 무게 포함)과 총거리를 측정한 것입니다. 이 지표는 화물 운송 사업 부문의 총체적인 규모를 의미합니다. GTM이 높을수록 더 많은 화물을 옮기고 있다는 것을 의미합니다. 이때 RPTM이 하락하지 않는 경우, 매출이 더 늘어날 것을 예측할 수 있습니다. 이뿐만 아니라 GTM을 기관차의 마력과 일수로 나누면 철도의 기관차가 얼마나 효율적으로 활용되고 있는지도 측정할 수 있습니다.

16

소매판매 섹터 밸류에이션 메트릭

소매업 섹터의 특징

소매업Retail sales 섹터는 소비자를 중심으로 돌아가는 업종입니다. 트렌드와 소비자의 취향, 지출 패턴의 영향을 많이 받습니다.

따라서 소매업 섹터는 경제 주기를 반영하는 특성을 지닙니다. 앞서 살펴봤던 여러 가지 섹터들과 마찬가지로 시클리컬로 분류됩니다. 경기 침체기에 소비자들은 필수 소비재가 아닌 항목에 대한 지출을 줄이게 됩니다. 이는 소매업 섹터의 실적에 영향을 줍니다.

소매업 섹터에는 독특한 특징이 있습니다. 바로 계절성을 띤다는 점입니다. 연말 연초나 새 학기 시작과 같은 특정 기간에 매출이 급증하는 모습이 나타나곤 합니다. 따라서 소매업체의 실적을 분석할 때는 반드시 계절성을 고려해야 합니다.

소매업 섹터의 하위에도 여러 섹터가 존재합니다. 기존의 대형마트를 비롯해 이커머스 플랫폼, 그리고 오프라인과 온라인 사업 모두 운영하는 옴니채널 소매업체가 있습니다. 따라서 소매업 섹터의 기업을 평가할 때는 각 하위 섹터의 성격을 고려해야 합니다.

소매업 섹터 메트릭

- **동일매장 매출** SSS

동일매장 매출은 최소 1년 이상 영업한 매장의 기간별 매출 변화를 측정하는 지표입니다. 한 소매업체의 매출이 성장했다고 가정해봅시다. 이때 기존 매장에 방문하는 고객들이 지출이 증가해 매출이 증가했을 수도 있고, 해당 소매업체가 새로운 매장을 오픈해서 매출이 증가했을 수도 있습니다. 동일매장 매출이 줄어드는 와중에 총매출이 증가한다면, 후자의 경우일 가능성이 높겠죠. 따라서 이 지표는 소매업체의 건전성을 나타내는 중요한 지표로 여겨지고 있습니다.

- **매출총이익**

매출총이익은 매출에서 매출원가 COGS를 차감해 계산합니다. 소매업체가 상품 원가를 했을 때 얼마나 효과적으로 매출을 수익으로 전환했는지를 보여주는 지표입니다.

- **재고 회전율** Inventory Turnover

재고 회전율은 소매업체가 재고를 얼마나 빨리 판매하는지를 측정하는 지표입니다. 회전율이 높을수록 상품 판매량이 많고 재고 관리가 효율적이라는 것을 의미합니다.

- **온라인 매장 트래픽**

온라인 쇼핑몰 홈페이지에 얼마나 많은 이들이 접속했는지를 추적하는 지표입니다. 전문 이커머스 플랫폼으로 출발하지 않은 기존 대형마트 업체의 경우 이 지표를 공시하는 경우를 찾아볼 수 있습니다.

MONEY NEVER SLEEP

머니네버슬립:
미국주식으로 재테크의 잠을 깨워라

초판 1쇄 발행 | 2023년 9월 20일

발행처명 | 스노우볼랩스 주식회사
등록번호 | 2023-00022 / 2023년 3월 20일
주   소 | 서울시 서대문구 서소문로 21 14층
전   화 | (02) 6952-0384
전자우편 | snowballlabs.official@gmail.com
홈페이지 | www.moneyneversleeps.co.kr

ISBN 979-11-982688-2-2   03320